U0572201

主办单位　中国文化部
　　　　　　中国国家文物局
　　　　　　秘鲁文化部
　　　　　　中国驻秘鲁大使馆

承办单位　中国文物交流中心
　　　　　　秘鲁国家考古人类学历史博物馆

协办单位　故宫博物院　陕西省文物局　广东省文物局
　　　　　　秘鲁文化部文化产业与文化遗产局　秘鲁文化部国际合作司

参展单位　故宫博物院　陕西历史博物馆　广东省博物馆

展览总策划　刘玉珠

展览统筹　关　强
　　　　　　王　军　周　明
　　　　　　李　游　段　勇

展品协调　单霁翔　娄　玮　任万平
　　　　　　强　跃　魏　峻

策 展 人　赵古山　李天凯

展览筹备　罗利君　冯　雪　刘　杰　戴鹏伦　张易婷
　　　　　　李绍毅　赵桂玲　徐　巍　王丝滢
　　　　　　刘　芃　焦大明

图录撰稿　张　弛　赵桂玲　刘　芃

图录文稿　赵古山　李天凯　刘　杰　赵桂玲　刘　芃

图录摄影及插图　由参展单位提供

展览陈列设计　中国天禹文化集团有限公司

西班牙语翻译与校对　五洲汉风教育科技（北京）有限公司

展品包装运输　华协国际珍品货运服务有限公司

Entidades Patrocinadoras: Ministerio de Cultura de China
Administración Estatal de Patrimonio Cultural de China
Ministerio de Cultura del Perú
Embajada de la República Popular de China en la República del Perú

Entidades Organizadoras: Exhibiciones de Arte de China
Museo Nacional de Arqueología, Antropología e Historia del Perú

Entidades Colaboradoras: Museo del Palacio
Administración de Reliquias Culturales de la Provincia de Shaanxi
Administración de Reliquias Culturales de la Provincia de Guangdong
Viceministerio de Patrimonio Cultural e Industrias Culturales del
Ministerio de Cultura del Perú
Oficina de Cooperación Internacional del Ministerio de Cultura del Perú

Entidades Participantes: Museo del Palacio
Museo de Historia de Shaanxi
Museo de Guangdong

Planificación General: Liu Yuzhu

Coordinación: Guan Qiang
Wang Jun, Zhou Ming
Li You, Duan Yong

Coordinación de las Piezas Exhibidas: Shan Jixiang, Lou Wei, Ren Wanping
Qiang Yue, Wei Jun

Comisarios: Zhao Gushan, Li Tiankai

Preparación: Luo Lijun, Feng Xue, Liu Jie, Dai Penglun, Zhang Yiting
Li Shaoyi, Zhao Guiling, Xu Wei, Wang Siying
Liu Peng, Jiao Daming

Redacción del Catálogo: Zhang Chi, Zhao Guiling, Liu Peng

Textos del Catálogo: Zhao Gushan, Li Tiankai, Liu Jie, Zhao Guiling, Liu Peng

Fotografía e Ilustración: Proporcionada por las entidades participantes

Diseño de Exhibición: Tian-yu Cultura Group Limitid

Traducción al Castellano y Revisión:
Educación de Chino y Tecnología Wuzhou (Beijing) Limitada

Empaque y transporte de las piezas exhibidas:
Huaxie Int'l Fine Art Freight Service Co.ltd

D目 录

DIRECTORIO
CATALOG

P 序言

PREÁMBULO

PREFACE

"海内存知己，天涯若比邻"，中国与拉丁美洲虽远隔重洋，但双方的交往与友谊源远流长。近年来，中国与拉美地区国家的文化交流与合作日益密切。

　　2014年7月，中国国家主席习近平出访拉美时倡议于2016年举办"中拉文化交流年"。2016年，中国与近30个拉丁美洲和加勒比国家举办"中拉文化交流年"活动，通过演出、展览、论坛、电影展映、图书节、文学作品互译等一系列文明交流互鉴的活动增进中拉友谊。正如习近平主席所说："国之交在于民相亲，民相亲在于心相通。"丰富的文化交往增进了中拉人民之间的了解，拉近了彼此间的距离，让友好的理念更加深植于人心。只有深入了解对方的习俗、文化，才能增进民众之间的亲和，更好地促进合作。

　　作为"中拉文化交流年"的展览项目之一，"天涯若比邻——华夏瑰宝秘鲁行"展览将于今年10～12月在秘鲁展出。希望观众可以通过这百余件展品，增进对中国优秀传统文化的了解。

　　预祝展览圆满成功，愿中拉友谊长存。

中国文化部部长　雒树刚

2016年9月

Tal y como dice un antiguo poema chino, "la distancia no separa los amigos del alma, aún estando lejos sus corazones siguen unidos". El gran Océano Pacífico entre China y América Latina no ha sido un obstáculo, al contrario, a lo largo del tiempo, los dos pueblos han mantenido un lazo de amistad entrañable y profundo. En los últimos años el intercambio y la cooperación culturales entre China y los países latinoamericanos se vuelven cada vez más estrechos

Durante la visita a América Latina en julio del 2014, el Presidente de China, Sr. Xi Jinping, formuló la iniciativa de organizar el "Año de Intercambio Cultural China-América Latina y el Caribe" en 2016. En el año presente, la parte china,realiza, junto con cerca de 30 países latinoamericanos y caribeños, una serie de actividades de intercambio cultural y de aprendizaje recíproco tales como presentaciones artísticas, exposiciones, foros, ciclos de cine, festivales de libro y traducción mutua de obras literarias, con el fin de fortalecer la amistad entre ambas partes.

Tal y como puntualiza el presidente chino Xi Jinping: "La esencia de las relaciones diplomáticas entre los países consisten en la cercanía entre sus pueblos, mientras que la cercanía entre los pueblos se basa en la unión de sus corazones". Los abundantes y diversificados intercambios culturales sirven para promover el conocimiento mutuo y un mejor acercamiento entre el pueblo chino y el latinoamericano, de manera que el concepto de la amistad pueda quedar arraigada en sus corazones. Asimismo, una buena comprensión en las costumbres y la cultura del otro país es fundamental para una mejor conexión entre ambos pueblos y una colaboración más efectiva.

Siendo una de los eventos culturales más importantes del Año de Intercambio Cultural China-América Latina y el Caribe, la presente exposición "Dos Culturas Unidas por el Mismo Océano: Exposición de Reliquias Culturales de China en el Perú", se celebrará en el Perú de octubre a diciembre del año presente.

Espero que a través de estas centenas de reliquias históricas, los espectadores puedan conocer más profundamente la extraordinaria cultural milenaria de nuestro país.

Formulo votos por el pleno éxito de la exposición y por la eterna amistad entre China y América Latina.

LUO SHUGANG
Ministro de Cultura de China
Septiembre del 2016

近年来，中国与拉美在积极发展政治和经贸关系的同时，文化领域的交流与合作也日益加强。中国是历史悠久的世界文明古国，创造了延续5000年的华夏文明；而美洲则孕育了古代玛雅、阿兹特克和印加三大文明，都为人类的进步与发展谱写了辉煌篇章。中国和拉美虽然相距遥远，但中拉友好源远流长。早在16世纪，中国已经通过"海上丝绸之路"和"马尼拉大帆船"，与拉美建立了贸易联系。1849年，第一批中国移民就已经抵达秘鲁卡亚俄港。

2016年恰逢中拉文化交流年，这是中国同拉美和加勒比地区国家共同举办的最大规模的文化盛事。作为"中拉文化交流年"的压轴展览项目，"天涯若比邻——华夏瑰宝秘鲁行"展将于今年10～12月在秘鲁举办。本次展览是中国赴秘鲁的首次文物展览，可使秘鲁乃至拉美各国观众进一步了解博大精深的华夏文明，以及海纳百川的文化内涵。忆古思今，通过展览的百余件华夏瑰宝，让"交流合作、互利共赢"的理念与中拉友谊薪火相传。

预祝展览圆满成功。

中国国家文物局局长

2016年9月

Durante los últimos años, la interacción entre China y América Latina no sólo consiste en un desarrollo dinámico de la relación política y comercial, sino también un intercambio y cooperación cultural cada día más activo. Como un país con una civilización ancestral y una historia milenaria, China creó su propia civilización de 5 milenios, asimismo, en América se engendraron las 3 civilizaciones extraordinarias, Maya, Azteca e Inca, juntas compusieron un capítulo resplandeciente en el progreso y desarrollo de la humanidad. A pesar de ser lejanos en su geografía están estrechamente unidas por una interacción y amistad ancestral y profunda, ya en el siglo XVI, China estableció relaciones comerciales con América Latina a través de la Ruta de Seda Marítima y el Galeón de Manila, en el 1849, los primeros inmigrantes chinos llegaron al Puerto de Callao, Perú.

Estando en el 2016, nos encontramos justamente en el Año de Intercambio Cultural China-América Latina y el Caribe, éste es el festín cultural con la mayor magnitud organizado en conjunto por China con países de América Latina y el Caribe. Siendo el proyecto más importante y esperado del Año de Intercambio, "Dos Culturas Unidas por el Mismo Océano: Exposición de Reliquias Culturales Chinas en el Perú" tendrá lugar en el Perú de octubre a diciembre de este año. Ésta es la primera exposición de reliquias culturales chinas albergada en el Perú, no cabe en duda que le brindará al público peruano, o incluso el de otros países de América Latina, una oportunidad para conocer esta ancestral civilización china llena de sabiduría, además de su filosofía abierta e inclusiva. Recordando al pasado, la historia es una excelente referencia para guiarnos en el presente, a través de estos tesoros de la antigua China, se trasmitirá la ideología de "comunicación, cooperación, beneficios mutuos y éxitos recíprocos" junto con la amistad sino-latinoamericana.

Deseo éxito completo a la realización de esta exposición.

LIU YUZHU
Director de la Administración Estatal de Patrimonio Cultural de China
Septiembre de 2016

2014年11月~2015年5月，中国文化部在秘鲁国家考古人类学历史博物馆举办了"20世纪中国100项考古大发现"和"天地之中——中华文明之源"图片展。秘鲁观众兴致勃勃地参观了两个图片展并近距离地欣赏到了中国古代辉煌灿烂的文明。经一年多紧张的筹备，"天涯若比邻——华夏瑰宝秘鲁行"展览终于与观众见面，给大家带来了一个前所未有的欣赏华夏瑰宝的机会。

大约四五千年前，在秘鲁中北部沿海地区卡拉尔，绽放了美洲最古老的文明；与此同时，在位于大洋彼岸的中国，形成了红山文化、良渚文化等文明中心。在大洋两岸，这两个美洲与亚洲最古老的文明以其驾驭环境的才智，将众多的自然资源创造成用于促进文明发展的工具，开创了各自民族的历史。

"天涯若比邻——华夏瑰宝秘鲁行"文物展，让大洋彼岸的两个国家再次紧密相联。中国古代文明为秘鲁民众提供了难得的机会，让我们有幸欣赏到无与伦比的文明与珍贵的艺术品。其精美的玉器尽管在科技发达的今天也难以复制。

今天，我们欣喜地看到中秘两国日益紧密的文化交流，必将使这两个古老、智慧、文明的民族进一步相互了解，两国虽远隔重洋，但友谊与合作将我们紧密相联，并继续谱写着新的友谊篇章。

谨此，衷心祝愿"天涯若比邻——华夏瑰宝秘鲁行"展顺利举办，并感谢中秘两国学者和工作人员，是他们的努力让此次伟大的展览得以成功举办。同样感谢中国文化部、中国国家文物局、中国驻秘鲁大使馆、中国文物交流中心、秘鲁国家考古人类学历史博物馆、故宫博物院、陕西历史博物馆、广东省博物馆等，用精美的文物为我们带来一个集历史、艺术及文化为一体的盛宴。

祝展览圆满成功！祝中秘两国人民悠久深厚的友谊地久天长！

秘鲁文化部部长　豪尔赫·涅托·蒙特西诺斯

2016年9月

Entre noviembre de 2014 y mayo de 2015, el Museo Nacional de Arqueología, Antropología e Historia del Perú albergó la exposición de láminas denominada "Los 100 Grandes Descubrimientos Arqueológicos de China en el siglo XX" y "Entre el Cielo y la Tierra: el Origen de la Civilización China" organizada por el Ministerio de Cultura de China. El público peruano disfrutó con entusiasmo de esta muestra que le brindaba un acercamiento diferente a la esplendorosa civilización de la antigua China. Luego de un año de una intensa preparación, la exposición "Dos Culturas Unidas por el mismo Océano: Exposición de Reliquias Culturales Chinas en el Perú" se presenta al público peruano, ofreciéndole en esta ocasión la inédita oportunidad de admirar auténticas reliquias ancestrales de la Cultura de China.

En un momento de nuestra historia situado entre 4000 y 5000 años atrás, mientras en la costa nor-central del Perú, en Caral, se originaba la civilización más antigua del continente americano, al otro lado del océano, en la lejana China, se formaban los ancestrales centros de civilización como Hongshan y Liangzhu, entre otros. Así, en cada extremo del océano, con la potencia de sus capacidades para dominar el medio, convirtiendo los recursos naturales en nuevos medios de desarrollo, las civilizaciones más antiguas de América y de China, inauguraban la historia de sus pueblos.

De una de aquellas dos culturas unidas por el océano –emblemático título de esta exposición-, de la ancestral civilización de China, tenemos hoy la inédita oportunidad de admirar su invalorable arte y maestría, demostrada por ejemplo en sus elaborados implementos de jade, inigualables aun en la era actual tan llena de recursos técnicos.

Ya de vuelta al presente, me complace mencionar que el dinámico intercambio cultural que es cada día más frecuente entre el Perú y China, promueve sin duda alguna el conocimiento mutuo de los herederos de aquellas antiguas y geniales civilizaciones, de dos pueblos lejanos en su geografía pero estrechamente unidos en una historia nueva de amistad y cooperación.

Saludo la realización de esta extraordinaria muestra, muy bien titulada "Dos Culturas Unidas por el mismo Océano: Exposición de Reliquias Culturales Chinas en el Perú", y deseo reconocer la labor de los técnicos y funcionarios de ambos países que han hecho posible esta notable presentación. Asimismo deseo agradecer al Ministerio de Cultura de China, la Embajada de la República Popular de China en el Perú, la Administración Estatal de Patrimonio Cultural de China, Exhibiciones de Arte de China, el Museo Nacional de Arqueología, Antropología e Historia del Perú, y especialmente al Museo del Palacio, el Museo de Historia de Shaanxi y el Museo de Guangdong por el invalorable presente de historia, arte y cultura de China que nos obsequian con su selección de reliquias.

Deseo el mayor de los éxitos a esta exposición que reafirma la tradicional y profunda amistad que une a los pueblos chino y peruano.

JORGE NIETO MONTESINOS
Ministro de Cultura del Perú
Septiembre de 2016

"中拉文化交流年"是新中国成立以来，中国同拉美及加勒比地区共同举办的最大规模的年度文化盛事。今年又是中秘建交45周年，秘鲁还将主办"2016年亚太经济合作组织领导人峰会（APEC）"。逢此盛会，中国文化部、中国国家文物局、中国驻秘鲁大使馆、中国文物交流中心与秘鲁文化部将在秘鲁隆重举办"天涯若比邻——华夏瑰宝秘鲁行"展览。

　　中国与拉美文化都具有积淀深厚、特色鲜明、开放包容的共性，虽远隔重洋，但中拉交往与友谊却源远流长。16世纪开始，中拉就建立了贸易通道。19世纪中叶，到达秘鲁的早期中国移民，以其吃苦耐劳、诚信友善和聪明才智促进了秘鲁社会经济的发展，融入秘鲁的社会生活。

　　1971年，中秘正式建立外交关系，在文化、科技、旅游等领域的交流日益增多。2006年、2011年，秘鲁国家博物馆在中国国家博物馆举办了两次秘鲁古代文明展览，使中国人民对遥远而神秘的印加人的祖先有了初步的了解，卡拉尔、马丘比丘等文化遗产，成为越来越多中国人的旅游目的地。

　　时至今日，中秘共同迎来文化交流、繁荣发展的契机。"天涯若比邻——华夏瑰宝秘鲁行"展览，118件（组）展品凝聚了华夏璀璨文明的精华，令我们仿佛穿越时空隧道，领略中华古代文明的辉煌与灿烂。相信本次展览会给每个参观者带来难得的对中国文物的近距离体验，对中国传统文化面貌的初步印象。

　　作为今年中拉文化交流的重要项目，观览中国古代通过陆上与海上丝绸之路与海外交流的互利共赢，以史为镜，知往鉴今，对增进中国与秘鲁、中国与拉美人民的相互了解，推动中秘两国战略伙伴关系的深入发展，具有重要的意义。

　　在此，我谨祝愿"天涯若比邻——华夏瑰宝秘鲁行"展在秘鲁取得圆满成功！

中国驻秘鲁大使　贾桂德

2016年9月

El Año de Intercambio Cultural China-América Latina y el Caribe, organizado en conjunto por las tres regiones mencionadas, es el festín cultural anual más grande desde la fundación de la República Popular de China. Así mismo, este año 2016 es el 45° aniversario del establecimiento de relaciones diplomáticas entre China y el Perú, además el año donde Perú organiza el Foro de Cooperación Económica Asia-Pacífico - APEC 2016

En una ocasión tan especial como ésta, el Ministerio de Cultura de la República Popular de China, la Embajada de la República Popular de China en el Perú, la Administración Estatal de Patrimonio Cultural, Exhibiciones de Arte de China y el Ministerio de Cultura del Perú organizarán ceremoniosamente en el Perú la exposición "Dos Culturas Unidas por el mismo Océano: Exposición de Reliquias Culturales Chinas en el Perú".

La cultura china y la cultura latina poseen como característica común su acumulación profunda, su peculiaridad distinguida y su postura abierta e inclusiva, a pesar de ser lejanos en su geografía, mantienen una interacción y amistad milenaria y profunda. Desde el siglo XVI, China ya estableció el canal comercial con Latinoamérica, llegando a la mitad del siglo XIX, los primeros inmigrantes chinos que llegaron al Perú promovieron con su diligencia, honestidad, amabilidad y capacidad el desarrollo económico local logrando integrarse a la vida social peruana.

En el 1971, se establecieron oficialmente las relaciones diplomáticas entre China y el Perú, permitiendo un intercambio cada día más frecuente en ámbitos como cultura, tecnología y turismo. En el 2006 y 2011, el Museo Nacional de China albergó dos exhibiciones organizadas por el Museo de la Nación del Perú sobre la antigua civilización peruana, ofrecieron al pueblo chino la oportunidad de conocer a los lejanos y misteriosos ancestros del Inca, como resultado, patrimonios culturales como Caral y Machu Picchu se volvieron el destino turístico preferido por más y más chinos.

En el presente, tanto China como el Perú se encuentran en la coyuntura de un intercambio cultural y desarrollo dinámico. Con 118 piezas de exhibición, "Dos Culturas Unidas por el mismo Océano: Exposición de Reliquias Culturales Chinas en el Perú" reúne la esencia de la antigua civilización china, brindándonos un viaje por el tiempo para admirar la grandiosidad y esplendidez de ella. Esta exposición entregará sin duda alguna un acercamiento exclusivo y una imagen general de la cultura tradicional china a cada espectador.

Como un proyecto importante del Año de Intercambio Cultural China-Latinoamérica, nos permite apreciar los éxitos y provechos recíprocos obtenidos en los intercambios entre la antigua China y el extranjero a través de la Ruta de Seda Terrestre y Marítima, esto además de servir como ejemplo y referencia para guiarnos en el futuro contribuye de forma significativa al conocimiento mutuo entre ambos pueblos y el desarrollo de una asociación estratégica integral sino-peruana.

Finalmente, deseo el mayor de los éxitos para la realización de esta exposición en el Perú.

JIA GUIDE
Embajador de la República Popular de China en el Perú
Septiembre del 2016

今年是中秘建交45周年，也是中拉文化交流年，为加深相互了解、深化传统友谊，在中国文化部、中国国家文物局、秘鲁文化部及中国驻秘鲁大使馆的大力支持下，"天涯若比邻——华夏瑰宝秘鲁行"展览将于今年10～12月在秘鲁考古人类学历史博物馆举办。

　　与迷人而神奇的墨西哥玛雅文明、秘鲁印加文明一样，华夏文明在世界文明中占有重要地位。从距今7000多年的新石器时代文化中孕育出完整、多元且未曾中断的文明，她兼收并蓄又自成一体，形成了独特的东方文化风貌。

　　两国人民的祖先创造的灿烂的古代文明举世瞩目，为人类的生存发展做出过不可磨灭的贡献。虽远隔重洋，但人民之间的友好交往源远流长。约四五千年前，中华文明曙光初现，先民们兴建城市、修筑水利，通过精美深邃的玉器和华丽庄重的青铜器沟通天地神灵，秘鲁先民则兴建了雄伟的卡拉尔城；公元前221年，秦始皇帝统一中国，统一文字、货币、法律、度量衡，秘鲁莫切人发展了先进的农业，制造出精美的陶器、金银器，并修建了非凡的西班王陵等；15世纪初，明王朝兴建紫禁城、郑和七下西洋时，秘鲁建立了伟大的印加帝国，盛极一时；16世纪，中国与拉美及秘鲁通过西班牙人的"马尼拉大帆船"建立了贸易通道，原产于美洲的玉米、土豆等传入中国，改变了中国人的饮食结构，中国的瓷器、丝绸、茶叶等输入美洲，一度成为社会时尚。

　　本展览遴选了118件（组）展品，汇集了威武雄壮、闻名世界的兵马俑，纹饰精美、含义深邃的玉器，功能独特、造型凝重的青铜器，以及反映秦汉唐时期（约公元前221～公元907年）社会生活和明清（1368～1911年）宫廷生活及中西交流的精美文物。

　　借此机会，我谨代表中方策划和筹备团队，向为此展览成功举办付出心血和努力的中秘两国同仁，致以诚挚的谢意。

　　预祝本次展览获得圆满成功！

中国文物交流中心主任

2016年9月

Encontrándonos en el 45° aniversario del establecimiento de las relaciones diplomáticas entre China y el Perú junto con el Año de Intercambio Cultural China-América Latina y el Caribe, con el gran apoyo de la Administración Estatal de Patrimonio Cultural de China, el Ministerio de Cultura del Perú y la Embajada de la República Popular China en el Perú se celebrará de octubre a diciembre de este año "Dos Culturas Unidas por el Mismo Océano: Exposición de Reliquias Culturales Chinas en el Perú" en el Museo Nacional de Arqueología, Antropología e Historia del Perú con el fin de profundizar el entendimiento mutuo y amistad tradicional.

La ancestral civilización de China es una de las más importante en el mundo al igual que las culturas encantadoras y maravillosas Maya de México e Inca del Perú. Más de 7.000 años atrás, la cultura neolítica engendró esta civilización íntegra, pluralista y continua. A lo largo de su crecimiento, incorporó diversidades culturales y a la vez se mantuvo independiente, logrando formar su propia peculiaridad cultural oriental.

Los ancestros de ambos países brindaron al mundo estas civilizaciones extraordinarias y con su esplendidez contribuyeron de forma significativa al desarrollo y supervivencia humana, a pesar de estar apartados por un inmenso océano, están estrechamente unidos por una interacción y amistad tradicional y profunda. Entre 4.000 y 5.000 años atrás, aparecieron los primero rayos de la civilización china, los antepasados fundaron ciudades y establecieron sistema hidráulicas, a través de refinados implementos de jade y solemnes implementos de bronce unían las almas celestiales y terrenales, asimismo, los ancestros peruanos construyendo la majestuosa ciudad Caral. En el año 221 AC, el Primer Emperador de la Dinastía Qin unificó China estandarizando la escritura, moneda, ley y unidades de medida, poco después, los moches desarrollaron una agricultura avanzada mientras que elaboraban cerámicas e implementos de oro y plata maravillosos y construían el extraordinario mausoleo del Señor de Sipán. Al principio del siglo XV, cuando la Dinastía Ming edificaba la Ciudad Prohibida y Zheng He realizaba sus siete expediciones navales al occidente, amaneció en el Perú el grandioso Imperio Inca llevando el país a la prosperidad. En el siglo XVI, a través del Galeón de Manila, se estableció el canal comercial entre China, Latinoamérica y el Perú, los cultivos originales de América como maíz y papas llegaron a china cambiando su estructura alimenticia, al mismo tiempo, la porcelana, seda y té viajaron hasta América volviéndose en la sensación de ese entonces.

En esta exposición, se seleccionaron 118 piezas compilando variadas obras como los majestuosos, marciales y famosos Guerreros de Terracota, implementos de jade con decoraciones resplandecientes y significado profundo e implementos de bronce con funciones particulares y aspecto solemne, además, se presentarán refinadas reliquias que reflejan la vida social de las Dinastías Qin, Han y Tang (de 221 AC a 907 DC) junto con la vida imperial y el intercambio entre el oriente y occidente de las Dinastías Ming y Qing (1368 DC a 1911 DC).

En esta ocasión especial, quisiera representar al equipo curatorial y el equipo de preparación de China para expresar las más sinceras gracias a todos los compañeros chinos y peruanos que se dedicaron y esforzaron para la realización de esta exposición.

Deseo gran éxito al cumplimiento de esta exposición!

WANG JUN
Director del Exhibiciones de Arte de China
Septiembre de 2016

I 前 言
INTRODUCCIÓN
INTRODUCTION

  遥远的东方有一群人，黑眼睛黑头发黄皮肤，他们是中华民族的传人。考古资料证明，中华大地是人类文明的发源地之一。从1万多年前的新石器文化孕育出多元的华夏文明，兼收并蓄又自成一体，是古巴比伦、埃及、印度、中国、希腊等古代人类文明中唯一世代延续、未曾断绝的文明。

  中国古代从大约7000年前新石器时代晚期出现的文明曙光，到公元前21世纪夏王朝建立早期国家，从公元前221年秦始皇建立的大一统国家，奠定了中国2000多年封建政治制度的基本格局，到最后一个封建王朝——清朝（1644~1911年），多元一体的中华文明源远流长。

Habita en el lejano oriente un grupo de personas de pelo negro, ojos oscuros y piel amarilla, ellos son los descendientes de la nación China. Los estudios arqueológicos muestran también que las tierras chinas fueron uno de los orígenes de la humanidad. La civilización pluralista de la antigua China, la cual nació de la cultura neolítica de más de 10.000 años atrás, incorporó diversidades culturales cuando a la vez se mantuvo independiente a lo largo de la historia formando la única civilización continua sin interrupción entre las civilizaciones antiguas como Babilonia, Egipto, India, Grecia, Maya, etc.

Desde el alba de civilización aparecida en el último periodo del Neolítico 7000 años atrás, hasta el establecimiento temprano como país en la Dinastía Xia en el siglo XXI AC, desde la primera unificación realizada por el Primer Emperador de la Dinastía Qin en el año 221 AC, el cual estableció la infraestructura de un sistema político feudal que duró más de 2000 años, hasta la última dinastía feudal, Qing (1644 DC-1911 DC), se aprecia el origen e historia milenaria de la civilización china.

文明曙光 礼乐定制（公元前8000年～前3世纪）

U
第一单元
NIDAD I
PART 1

El Alba de la Civilización - Establecimiento de Etiqueta Ritual y Música (Año 8000 AC al siglo III AC)

Dawn of Civilization and Systematization of Ritual and Music (From 8000 BC to the 3rd Century BC)

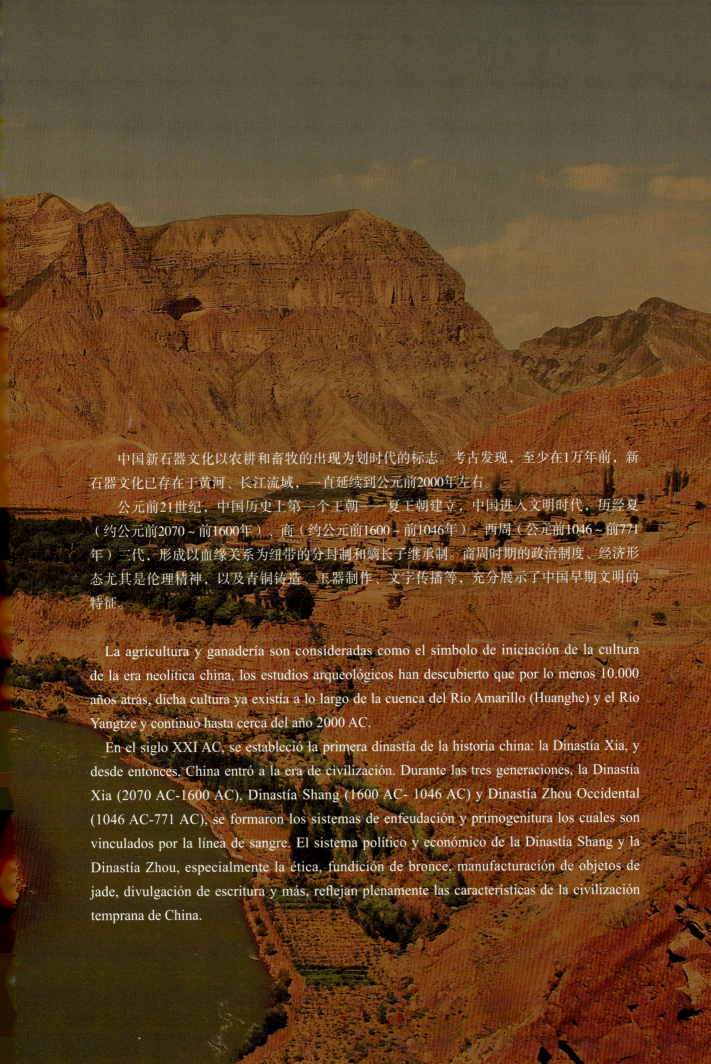

中国新石器文化以农耕和畜牧的出现为划时代的标志。考古发现，至少在1万年前，新石器文化已存在于黄河、长江流域，一直延续到公元前2000年左右。

公元前21世纪，中国历史上第一个王朝——夏王朝建立，中国进入文明时代，历经夏（约公元前2070～前1600年）、商（约公元前1600～前1046年）、西周（公元前1046～前771年）三代，形成以血缘关系为纽带的分封制和嫡长子继承制。商周时期的政治制度、经济形态尤其是伦理精神，以及青铜铸造、玉器制作、文字传播等，充分展示了中国早期文明的特征。

La agricultura y ganadería son consideradas como el símbolo de iniciación de la cultura de la era neolítica china, los estudios arqueológicos han descubierto que por lo menos 10.000 años atrás, dicha cultura ya existía a lo largo de la cuenca del Río Amarillo (Huanghe) y el Río Yangtze y continuó hasta cerca del año 2000 AC.

En el siglo XXI AC, se estableció la primera dinastía de la historia china: la Dinastía Xia, y desde entonces, China entró a la era de civilización. Durante las tres generaciones, la Dinastía Xia (2070 AC-1600 AC), Dinastía Shang (1600 AC- 1046 AC) y Dinastía Zhou Occidental (1046 AC-771 AC), se formaron los sistemas de enfeudación y primogenitura los cuales son vinculados por la línea de sangre. El sistema político y económico de la Dinastía Shang y la Dinastía Zhou, especialmente la ética, fundición de bronce, manufacturación de objetos de jade, divulgación de escritura y más, reflejan plenamente las características de la civilización temprana de China.

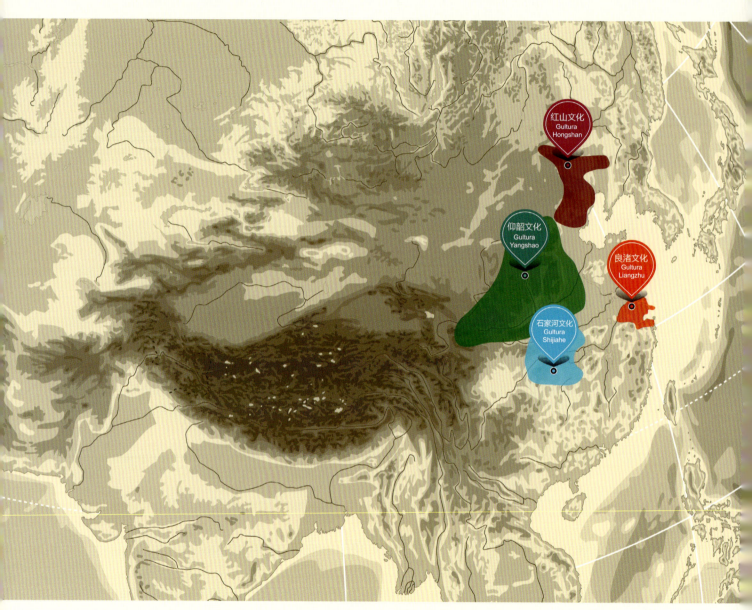

展品相关的新石器文化年代与分布范围
La época y el radio de la cultura neolítica correspondientes de las piezas exhibidas

L展品相关的新石器文化年代与分布范围
A ÉPOCA Y EL RADIO DE LA CULTURA NEOLÍTICA CORRESPONDIENTES DE LAS PIEZAS EXHIBIDAS EXHIBITS' YEARS IN NEOLITHIC CULTURE AND THEIR GEOGRAPHICAL DISTRIBUTION

约公元前5000~前3000年的仰韶文化，彩陶艺术成就卓越，是原始艺术的瑰宝。

约公元前4000~前3000年的红山文化，与仰韶文化交汇，许多遗迹与原始宗教密不可分。

约公元前3300~前2000年的良渚文化，有了成熟的宗教信仰，以沟通天地为主；约公元前2600~前2300年的良渚古城，外围有水利系统。

约公元前2500~前2000年的石家河文化，有祭祀遗迹、类似于文字的刻划符号和城址等，出土青铜铜块、原始乐器等。

Cultura Yangshao, del año 5000 AC al 3000 AC aproximadamente. En esta era hubo grandes logros en el arte de la cerámica pintada la cual se convirtió en un tesoro del arte prehistórico.

Durante el año 4000 AC al 3000 AC aproximadamente, se integraron entre la Cultura Hongshan y la Cultura Yangshao, muchas de sus ruinas están fuertemente relacionadas con religiones primitivas.

En la Cultura Liangzhu cerca del año 3300 AC al 2000 AC, se formaron creencias religiosas desarrolladas que se basaban en la unión entre el cielo y la tierra. La ciudad antigua de Liangzhu del año 2600 AC al 2300 AC es rodeada por un sistema hidráulico.

Cultura Shijiahe del año 2500 AC al 2000 AC aproximadamente. Se encuentran ruinas de ritos de sacrificio, símbolos grabados similares a escritura y sitios de ciudades, etc., se desenterraron entre otras cosas piezas de bronce e instrumentos musicales.

E 彩陶余晖

EL BRILLO POSTERIOR DE LA CERÁMICA PINTADA
COLORFUL POTTERYWARE WITH LINGERING GLOW

　　大约1万年前,中国的先民就发明了陶器,最初被用作烹饪和存储的工具。约公元前5000～前3000年,长江、黄河流域出现了多元发展的局面——范围广阔、分区明显的村落、墓葬和祭祀遗址,图案绚丽的彩陶,磨制精致的石制农具,种类繁多的玉礼器和配饰等,既反映了当时的社会生产力和精神文化,又体现着古人对美的渴望和追求,投射出文明的曙光。约公元前5000～前3000年的仰韶文化,彩陶最为丰盛繁华。

　　Hace alrededor de 10.000 años, el pueblo antiguo chino inventó la cerámica la cual fue utilizada al principio como herramientas de cocina y almacenamiento. Cerca del año 5000 AC al año 3000 AC, surgió una situación de pluralismo a lo largo de la cuenca del Río Amarillo (Huanghe) y Yangtze: sitios de aldeas, tumbas y ritos de sacrificio de zona amplia y fronteras evidentes, cerámica pintada de diseños esplendorosos, herramientas agrícolas de piedra sofisticadas, diversos tipos de implementos rituales y ornamentos de jade, etc., éstos no sólo reflejan la fuerza productiva social, el espíritu y la cultura de tal época, sino también el anhelo y la aspiración de los antiguos por la belleza radiando los primeros rayos de la civilización. La cerámica pintada fue lo más rico y próspero de la Cultura Yangshao del año 5000 AC al 3000 AC.

姜寨遗址复原图（陕西历史博物馆）
Imagen restaurada del yacimiento arqueológico Jiangzhai
maqueta del Museo de Historia de Shaanxi

I 姜寨遗址复原图
IMAGEN RESTAURADA DEL YACIMIENTO ARQUEOLÓGICO JIANGZHAI
RESTORED MAP OF THE JIANGZHAI SITE

姜寨遗址，是约公元前5000~前4000年的原始聚落遗迹，面积约5万平方米。1972~1979年，进行了11次大规模发掘，揭露面积1.658万平方米，是迄今中国新石器时代聚落遗址中，发掘面积最大的一处。

El yacimiento arqueológico Jiangzhai es cowpuesta por las ruinas del asentamiento primitivo cerca del año 5000 AC al 4000 AC, tiene una superficie excediendo los 50.000 m2. Desde el 1972 al 1979, se realizaron 11 excavaciones masivas logrando una superficie descubierta de 16.580 m2 y hasta el presente, es la excavación de mayor superficie entre las ruinas de asentamientos del Neolítico de China.

人面鱼纹彩陶盆

仰韶文化（约公元前5000～前3000年）
高16、口径41厘米
1974年陕西省西安市临潼区姜寨遗址出土
陕西历史博物馆藏

Vasija de cerámica decorada con peces y diseño de rostro humano pintado

Painted Pottery Pot with Human-faced Decoration

Cultura Yangshao (5000 AC - 3000 AC aprox)
Alto 16 , diámetro boca 41 (cm)
Desenterrado en el 1974 del Sitio Jiangzhai, Lintong, Xi´an, Shaanxi
Coleccionado por el Museo de Historia de Shaanxi

细泥红陶。彩陶是在陶器表面以红、黑、赭、白等色作画后烧成，因而彩画不易脱落。人面纹眼、鼻、嘴俱全，头上有三角形饰物，构成形态奇特的人鱼合体，表现了古人丰富的想象力，充满神秘色彩。

Adobe delgado, cerámica roja. La cerámica pintada se obtiene en 2 pasos: primero se pinta con colores como rojo, negro, burdeos, blanco y otros sobre la superficie y después se cuece, de esta forma la pintura se vuelve duradera. El diseño del rostro humano es completo, se encuentran ojos, nariz, boca y en la cabeza se ve un ornamento triangular formando una figura peculiar de una fusión entre humano y pez. En esta pieza se aprecia una rica imaginación y estilo místico.

彩陶壶

仰韶文化（约公元前5000～前3000年）
高22、口径7厘米
陕西省宝鸡市文教局交，北首岭出土
陕西历史博物馆藏

Jarra de cerámica pintada
Painted Pottery Bottle
Cultura Yangshao (5000 AC - 3000 AC aprox)
Alto 22 , diámetro boca 7 (cm)
Entregado por el Departamento de Cultura y
Educación de Baoji, Shaanxi, desenterrado de
Beishouling
Coleccionado por el Museo de Historia de
Shaanxi

细泥红陶。口作罐形，肩部以黑彩为
衬底，让陶器的红底突显为波浪状
的三角曲折纹，与同地区其他陶器的纹饰
大异其趣，具有别具一格的设计。

Adobe delgado, cerámica roja. Su boca posee la
forma de una maceta, en su hombro resalta el rojo
de la propia cerámica como un patrón triangular
serpentina con forma de olas contrastando con el
fondo negro, este diseño se distingue notoriamente
de las otras cerámicas de la misma zona por su
exclusividad.

E 玉意深邃

EL SIGNIFICADO PROFUNDO DEL JADE

JADEWARE WITH PROFOUND CONNOTATION

　　约公元前4000~前3000年的红山文化、约公元前3300~前2000年的良渚文化，玉器的制作可能已发展为独立的手工业部门。质地晶莹、造型别致、纹饰精美的玉器，往往成为沟通人与神的媒介和等级权力的象征。中国古代玉器按用途分主要有礼器、装饰品、工具、生活用具和玩赏玉器等。公元前6世纪~前5世纪的孔子说过"君子比德于玉"，1~2世纪的汉代人许慎总结"玉有五德"，即指玉的五个特性——表面润泽光滑、纹理致密透明、声音舒展清扬、质地坚韧、有断口也不锋利，象征着人的仁、义、智、勇、洁。

Es probable que la manufacturación de los objetos de jade logró desarrollarse como un departamento individual de la industria artesanal en la Cultura Hongshan, cerca del año 4000 AC al 3000 AC, y la Cultura Liangzhu, cerca del año 3300 AC al 2000 AC. Estos objetos de jade de textura cristalina, diseño refinado y patrones delicados solían ser el medio entre el humano y dios y al mismo tiempo símbolo de jerarquía y poder. Los objetos de jade antiguos de China eran utilizados de diferentes formas como implemento ritual, ornamento, herramienta, utensilio de uso cotidiano, colección por afición, entre otros. Confucio, un filósofo del siglo VI AC al siglo V AC dijo "la virtud de un hidalgo noble se asimila al jade", Shengxu de la Dinastía Han del siglo I DC al siglo II DC llegó a la conclusión "el jade tiene 5 virtudes", lo cual se refiere a sus 5 características: superficie lisa y suave, veta densa y cristalina, sonido ligero, textura tenaz y fractura roma, éstas representan la benevolencia, justicia, sabiduría, valentía y pureza del humano.

I 中国早期玉礼器
IMPLEMENTO DE JADE DE LA TEMPRANA CHINA
JADE RITUAL ARTICLES OF PRIMITIVE CHINA

在中美洲的墨西哥，玉文化形成时期相当于中国的商代晚期。中国和墨西哥在对玉的加工和珍视程度、用玉的审美倾向及对玉的礼仪性功能的理解、祭祀丧葬礼仪中玉器所表达的复杂的精神含义，以及玉器拥有者所体现的社会地位及等级身份象征等方面，两者均有着较强的相似性。

En México, América Central, se formó la cultura de jade cuando China se encontraba en el último periodo de la Dinastía Shang. Ambos países presentaban fuertes semejanzas en ámbitos como la apreciación al jade, elaboración, preferencia estética en el uso, interpretación de su función ritual, su significado profundo espiritual en los ritos de sacrificio o funerales y el estatus social y jerarquía que representa al poseer una pieza de jade, etc.

玉琮（良渚文化 浙江省文物考古研究所藏）
Cong de jade - Implemento ritual
Cultura Liangzhu
Coleccionado por el Instituto de Estudios
Arqueológicos de Reliquias Culturales de
Zhejiang

玉人头（石家河文化 湖北省荆州博物馆藏）
Cabeza de figura humana de jade
Cultura Shijiahe
Coleccionado por el Museo Jingzhou de Hubei

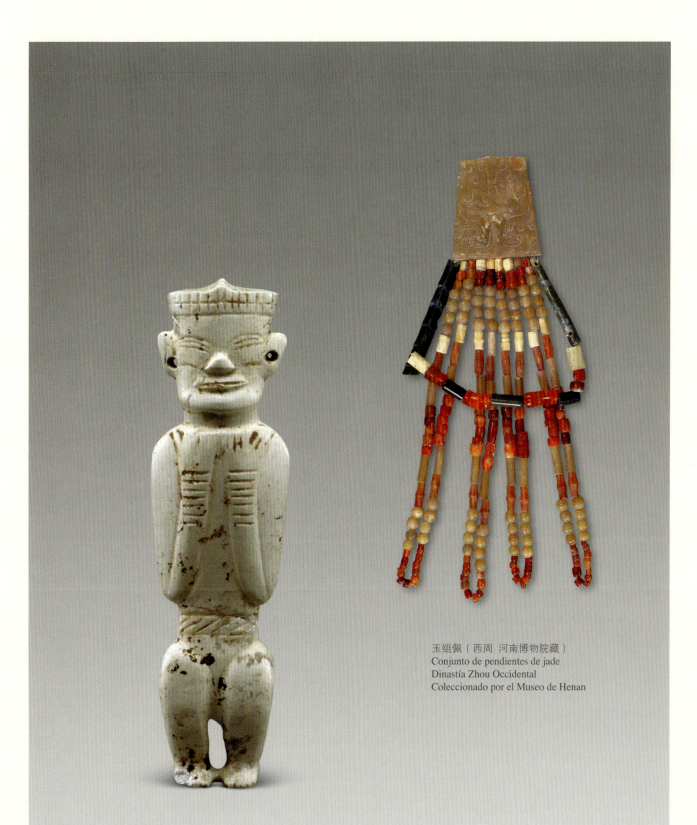

玉组佩（西周　河南博物院藏）
Conjunto de pendientes de jade
Dinastía Zhou Occidental
Coleccionado por el Museo de Henan

玉人（安徽凌家滩遗址出土　安徽省文物考古研究所藏）
Figura humana de jade
Desenterrado del Sitio Arqueológico Lingjiatan, Anhui
Coleccionado por el Instituto de Estudios Arqueológicos de
Reliquias Culturales de Anhui

黄玉螭玦

红山文化（约公元前4000～前3000年）
高12、长7.6、宽4.2厘米
旧藏
故宫博物院藏

Jue de jade amarillo con diseño de Dragón Chi - Ornamento
Yellow Jade *jue* (Penannular Jade Ring) with Pattern of *chi* (Legendary Dragon)
Cultura Hongshan (4000 AC - 3000 AC aprox.)
Alto 12, largo 7.6, ancho 4.2 (cm)
Colección antigua
Coleccionado por el Museo del Palacio

礼器。大多出土于墓葬墓主人的胸部，应与巫祝有关，使用者彰显其特殊技能与地位，及其所具有的神秘社会力量。立体圆雕，卷尾螭龙，小孔为穿系用。此造型为红山文化的典型器物。

Implemento ritual, usualmente son desenterrados sobre el pecho del dueño de la tumba. Es probable que su uso se relaciona con la brujería, el usuario muestra su talento exclusivo y estatus, junto con su fuerza social mística. Talla tridimensional con forma de Dragón Chi de cola curvada y un orificio para hilo. Posee el aspecto típico de la Cultura Hongshan.

玉琮

良渚文化（约公元前3300～前2000年）
高4.9、宽6.3、口径5.9厘米
旧藏
故宫博物院藏

Cong de jade - Implemento ritual
Jade *cong* (Long Hollow Piece of Jade with Rectangular Sides)
Cultura Liangzhu (3300 AC - 2000 AC aprox.)
Alto 4.9, ancho 6.3, diámetro boca 5.9 (cm)
Colección antigua
Coleccionado por el Museo del Palacio

礼器。良渚文化的典型器物，后世认为其用于祭地。外方内圆，中有一孔，内有后配铜胆，外有精美绝伦的纹饰。玉琮具有重要的历史价值和艺术魅力，自古就被喜欢玉石的文人和贵族所追捧。

Implemento ritual, objeto típico de la cultura Liangzhu, posteriormente se cree que es utilizado como ofrenda a la tierra. Es cuadrado por fuera y circular por dentro, posee un orificio en el centro y es compuesto con un interior de bronce. Los Cong de jade tienen diseños bellos y refinados, poseen un valor histórico significativo y encanto artístico, fueron apreciados desde la antigüedad por los letrados y aristócratas aficionados del jade.

天涯共比邻
DOS CULTURAS UNIDAS
POR EL MISMO OCÉANO

玉人首

石家河文化（约公元前2500～前2000年）

高3.7、宽4.2、厚1.7厘米

旧藏

故宫博物院藏

Cabeza de figura humana de jade
Jade Man's Head

Cultura Shijiahe (2500 AC - 2000 AC aprox.)

Alto 3.7, ancho 4.2, grosor 1.7 (cm)

Colección antigua

Coleccionado por el Museo del Palacio

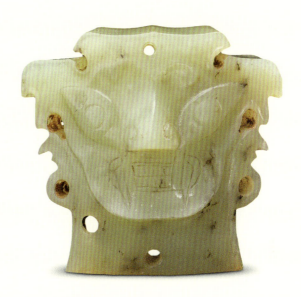

礼器。半圆雕，正面弧凸，以浮雕剔地阳纹和刻阴线技法塑造一人面。两耳佩环，头顶有冠。玉人首在新石器时代的玉雕中并不多见。此器琢工和雕饰的人面风格极有特点。

Implemento ritual tallado por un lado con la cara frontal convexa, su rostro es formado con entretalla cóncava y convexa, lleva aros en ambas orejas y una corona en su cabeza. Las cabezas de figura humana de jade son muy escasas entre este tipo de obra de la era neolítica, esta pieza se destaca por su técnica y estilo usado en la talla de su rostro.

玉人

商代（约公元前1600～前1046年）

高8.1、宽1.5、厚0.8厘米

旧藏

故宫博物院藏

Figura humana de jade
Jade Man

Dinastía Shang (1600 AC - 1046 AC aprox.)

Alto 8.1, ancho 1.5, grosor 0.8 (cm)

Colección antigua

Coleccionado por el Museo del Palacio

礼器。半圆雕，梳角形发髻，呈直立状。商代中晚期，玉人大量出现。这种半圆雕的全身玉人仅见于殷墟。对了解当时制作玉人的技法和它反映的社会内涵有重要研究价值。

Implemento ritual tallado por un lado, lleva como peinado un moño vertical. Desde la mitad hasta el último periodo de la Dinastía Shang aparecieron abundantes figuras humanas de jade, este tipo de figura completa y tallada por un lado sólo se ve en las Ruinas de Yin, tiene un gran valor para estudiar las técnicas de manufacturación y el contenido cultural de la época.

鸟形玉佩（一对）

商代（公元前1600~前1046年）
高7.9、宽4.9厘米
1972年陕西省扶风县刘家村西周丰姬墓出土
陕西历史博物馆藏

Pendientes de jade con forma de pájaro (pareja)
Bird-shaped Jade Pendant
Dinastía Shang (1600 AC - 1046 AC aprox.)
Alto 7.9,ancho 4.9 (cm)
Desenterrados en el 1972 de la tumba Fengji Dinastía
Zhou Occidental, aldea Liujia, distrito Fufeng, Shaanxi,
Coleccionado por el Museo de Historia de Shaanxi

礼器或佩饰。同出两件，大小、形状、纹饰相同，可拼合到一起。鹦鹉侧面形象。两面俱用细双阴线雕琢，头上边缘用凸齿来表现鹦鹉的高冠，尾羽上雕琢长弧线和折线，鸟腿前屈，雕琢细腻，形象生动。

Implemento ritual u ornamento. Está compuesta por dos piezas idénticas del mismo tamaño, forma, diseño y pueden ser armados, imita la silueta de un loro y por ambas caras se encuentra talla de líneas parejas cóncavas, los dientes en el borde de su cabeza representan el airón del loro, en la cola se ven lineas curvas largas y poligonales y sus piernas están inclinadas hacia adelante. Su talla es refinada y vívida.

玉璋

春秋秦（公元前770～前476年）

长10.8、宽2.5厘米

1986年陕西省凤翔县秦公一号大墓出土

陕西历史博物馆藏

Zhang de jade - Implemento ritual
Jade *zhang* (Tablet)

Periodo de las Primaveras y Otoños (Chunqiu),
Estado Qin (770 AC-476 AC)
Largo 10.8, ancho 2.5 (cm)
Desenterrado en el 1986 de la Tumba Grande
N°1 de Qingong, distrito FengXi'ang, Shaanxi
Coleccionado por el Museo de Historia de
Shaanxi

表示祥瑞的重要礼器，通常用于祭祀、丧葬、征伐等重要事件。陕西凤翔秦公一号大墓出土各类文物千余件，其中玉器最为精美，是春秋晚期秦玉器的代表作，表现出明显的秦式玉器特点。

Implemento ritual importante que representa señales auspiciosas. Es usado principalmente en eventos importantes como rito de sacrificio, funeral, envío de armadas, etc. Entre los miles de reliquias desenterradas de la tumba grande N°1 de Qingong descubierta en el distrito FengXiang, los objetos de jade se distinguen por su fineza convirtiéndose en obras representativas del Estado Qin durante el último periodo de las Primaveras y Otoños, en esta pieza se ven características fuertes del estilo Qin.

S 青铜凝重

OLEMNIDAD DEL BRONCE

BRONZEWARE WITH DIGNIFIED GRANDNESS

"国之大事，在祀与戎"。商周时期，祭祀、军事等礼仪活动是当时社会政治生活的重要组成部分。因此，出现了大量用于祭祀、征伐、宴飨、朝聘及丧葬等礼仪活动的青铜礼器，同时还有与日常生活相关的实用器。分为酒器、食器、水器、乐器、兵器、农具与工具、车马器、货币、玺印等。公元前的文献多称青铜为"金"，因其散发出金色的光芒，且青铜也极为稀缺和珍贵。虽历经千百年，青铜颜色变得青灰，光芒不再闪耀，但仍以独特的功能、繁多的种类、各异的造型、华丽的纹饰、丰富的铭文、精美的制作而著称于世。因此，中国古代青铜器在世界青铜器中享有极高的声誉。

Las actividades ceremoniales como rito de sacrificio, asunto militar y otros forman una parte importante de la vida social y política de la Dinastía Shang y Dinastía Zhou, por esta razón, aparecieron abundantes implementos rituales de bronce para ritos de sacrificio, expediciones punitivas, banquetes, reuniones con el emperador y funerales, éstos además servían como recipiente de licor, comida y agua, instrumento musical, arma, herramienta agrícola, herramientas, repuesto de carroza, utensilio de uso cotidiano, moneda, sello, etc. En los documentos escritos de los años AC llamaban al bronce "oro" por su brillo dorado, escasez y valor. A pesar de haber perdido su brillo mostrando un tono gris por los miles de años, se destaca por su función exclusiva, diversidad de tipo y diseño, patrones esplendorosos, inscripciones diversas y manufacturación refinada. Los objetos de bronce antiguos de China poseen gran prestigio y valor artístico entre los objetos de bronce del mundo.

蛙纹铜钺

商代（约公元前1600～前1046年）

长20、宽15.7厘米

1964年陕西省城固县出土

陕西历史博物馆藏

Yue con diseño de rana - Arma símbolo de poder

Bronze *yue* (A Kind of Axe) with Pattern of Frog

Dinastía Shang (1600 AC - 1046 AC aprox.)

Largo 20, ancho 15.7 (cm)

Desenterrado en el 1964 del distrito Chenggu, Shaanxi

Coleccionado por el Museo de Historia de Shaanxi

兵 器，也作为象征王权、用于祭祀等的礼器。钺身做出一个肢体分明的伏蛙形象。"蛙"作为一种动物图腾，在西北地区黄河中上游的彩陶纹饰中较为常见。青铜礼器是用于祭祀、征伐、宴飨、朝聘及丧葬等礼仪活动的用器，用以代表使用者的身份等级和权力。

Arma, al mismo tipo símbolo de poder e implemento ritual para ritos de sacrificio. En su cuerpo se ve una figura de rana con notorias extremidades. La rana se consideraba como un tótem animal y es comúnmente vista en los diseños de cerámicas pintadas del curso superior y medio del Río Amarillo (Huanghe). Los implementos rituales de bronce son usados en actividades ceremoniales como ritos de sacrificio, expediciones punitivas, banquetes, reuniones con el emperador y funerales, representan la jerarquía y poder del usuario.

"饗"铜戚

商代（约公元前1600～前1046年）

长16.1、宽8.8厘米

1965年陕西省绥德县墕头村出土

陕西历史博物馆藏

Qi de bronce "xiang" - Arma

Bronze *qi* (Battle-Axe as Ancient Weapon) with Inscription of "*xiang*"

Dinastía Shang (1600 AC - 1046 AC aprox.)

Largo 16.1, ancho 8.8 (cm)

Desenterrado en el 1965 de la aldea Yantou, distrito Suide, Shaanxi

Coleccionado por el Museo de Historia de Shaanxi

兵 器，也作为象征王权、用于祭祀等的礼器。阑前饰一卷尾回首的夔龙，夔身饰间隔云雷纹，如此精致美观的纹饰在兵器里是比较罕见的。在内的圆孔上部铸一符号——如两人相向跽坐，中放食器，作共同就食状。这是"饗"字，请客吃饭的意思，应为姓氏或者族徽。

Arma, al mismo tipo símbolo de poder e implemento ritual para ritos de sacrificio. Se puede ver un dragón Kui (criatura mitológica) con cola curvada y mirando hacia atrás con Patrón de Nube y Trueno (Yunlei) intercalado en su cuerpo, su fineza y belleza es muy excepcional entre las armas. En su orificio interior se ve una insignia: parecen ser dos personas arrodilladas mirando uno al otro con un recipiente de comida entre ellos para ser compartido, éste es el caracter "饗"(xiǎng) que significa "invitar a comer", es usado posteriormente como apellido o escudo.

铜觚
商代（约公元前1600~前1046年）
高26、口径14.4厘米
征集
陕西历史博物馆藏

**Gu de bronce - Recipiente de licor
Bronze *gu* (A Kind of Drinking
Vessel)**
Dinastía Shang (1600 AC - 1046 AC aprox.)
Alto 26, diámetro boca 14.4 (cm)
Recolectado
Coleccionado por el Museo de Historia de
Shaanxi

饮酒器，也用作礼器。口部和底部都
呈现为喇叭状，器物表面装饰中国
古代青铜器上常用纹样——雷纹。此件
保留中国古代青铜器金黄色本色，极为
难得。

Recipiente de licor, también implemento ritual.
Su boca y base tienen forma de una trompeta, su
superficie es decorada por un patrón común en los
objetos de bronce antiguos de China: Patrón de
Trueno. En esta pieza se pudo conservar el color
dorado original lo cual es muy raro y precioso.

铜牛尊

西周（公元前1046～前771年）
高24、长38厘米
1967年陕西省岐山县贺家村出土
陕西历史博物馆藏

Zun con forma de buey-Recipiente de licor

Bronze Ox-shaped *zun* (A Kind of Wine Vessel in Ancient Times)

Dinastía Zhou Occidental (1046 AC - 771 AC aprox.)
Alto 24, largo 38 (cm)
Desenterrado en el 1967 de la aldea Hejia, distrito
Qishan, Shaanxi
Coleccionado por el Museo de Historia de Shaanxi

模 仿牛的形象铸造的礼器或酒器。以牛躯体为器，牛四蹄作为圆柱形短足，牛舌引出为流口，盘牛尾为器柄，牛背上凿方孔注酒，孔上加盖，盖与牛背以环纽相连。盖面上铸造一直立的老虎形象为纽，小巧而写实。牛尊通体以云纹和夔龙纹装饰，构图疏朗，庄重大气。

Recipiente de licor e implemento ritual imitando a la figura de un buey. Su cuerpo sirve como recipiente, las 4 pezuñas cilíndricas como soporte, la lengua como boca y la cola curvada como mango, en su lomo se encuentran orificios cuadrados por donde se echa licor, éstos se complementan con una tapa que se conecta por un aro con el lomo sobre la cual se fundió una figura pequeña y vívida de tigre que sirve como asa. El cuerpo del Zun es decorado con Patrón de Nube y Dragón Kui, un diseño franco y solemne.

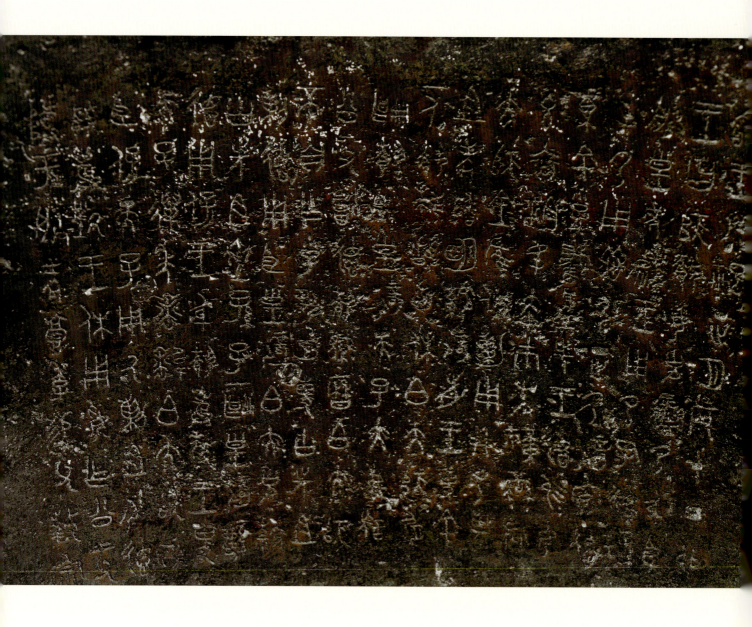

"师载"铜鼎

西周（公元前1046～前771年）

通高85、口径64.5、腹深37.5厘米

1974年陕西省扶风县强家村窖藏出土

陕西历史博物馆藏

Trípode de bronce "Shizai" - Caldero ritual

Bronze Tripod with Inscription of "*shi zai*"

Dinastía Zhou Occidental (1046 AC - 771 AC aprox.)

Alto general 85, diámetro boca 64.5, profundidad cuerpo
37.5 (cm)

Desenterrado en el 1974 de los sótanos de la Aldea
Qiangjia, distrito Fufeng, Shaanxi

Coleccionado por el Museo de Historia de Shaanxi

礼器。腹外壁和足部凝结着一层很厚的烟炱，显然经过火烧。腹内壁有铭文19行，共196字，记述周恭王八年（约公元前915年）周王称赞师载能够以自己的美德和善良纯正之心臣事周王，并赏赐、册命师载。师载答谢周王和伯太师，将继承先祖的美德，以泽被后世，故作此鼎供奉宗庙。铭文7处提到"德"，全篇贯穿"德"的思想，可见周人对"德"的推崇。《周易·系辞》中，"地势坤，君子以厚德载物"，西周以德为先的伦理、价值观念，促进了社会的和谐稳定发展，也深刻影响了中华民族精神的内涵。

Implemento ritual. Es evidente que ha sido puesto al fuego por la capa gruesa de hollín que se encuentra en el exterior de su cuerpo y los soportes. En el interior de su cuerpo se encuentra una inscripción de 19 líneas con 196 caracteres en total, en ésta se registra que en el año VIII de reinado del Emperador Zhougong (915 AC aprox.), dicho emperador premió y confirió un título a Shizai por su virtud y benevolencia y Shizai agradeció al emperador y Maestro Bo, fabricó este Ding como ofrenda al templo ancestral para poder beneficiar a los posteriores con las virtudes heredadas de los antepasados. La inscripción se centra en la mentalidad de virtud y ética la cual fue mencionada 7 veces, esto refleja el aprecio por la virtud de los *zhou*. El libro *Zhouyi Xici* dice "La tierra se caracteriza por su tolerancia y devoción, así es como un hidalgo noble debe aceptar el mundo con gran virtud". Durante la Dinastía Zhou Occidental consideraban la moral como la idea y valor central, éste estimuló la armonía y desarrollo social estable e influenció profundamente al espíritu del la nación china.

铜方鼎

西周（公元前1046～前771年）
高23、长18.1、宽14.5厘米
1982年陕西省长安县花园小村出土
陕西历史博物馆藏

**Ding cuadrado de bronce - Caldero ritual
Bronze Square *ding* (An Ancient Cooking
Vessel with Two Loop Handles and Three
or Four Legs)**

Dinastía Zhou Occidental (1046 AC - 771 AC aprox.)
Alto 23, largo 18.1, ancho 14.5 (cm)
Desenterrado en el 1982 de la aldea pequeña Huayuan,
distrito Changan, Xi'an
Coleccionado por el Museo de Historia de Shaanxi

烹煮肉食的器皿，在祭祀和宴飨等礼仪场合盛放肉食，后发展成最主要的青铜礼器。此鼎为西周早期常见的方槽形鼎。口沿饰双龙纹并以雷纹为底纹，四个柱形足上部均饰兽面纹。西周中期以后，鼎的使用逐渐制度化，按使用者的等级地位规定用鼎的数量。

Caldero para cocinar carne, también utilizado como contenedor de carne en ceremonias como ritos de sacrificio, banquetes y otros, posteriormente se volvió el implemento ritual de bronce mas importante. Este tipo de Ding cuadrado es el más común del periodo temprano de la Dinastía Zhou Occidental. El borde de su boca es decorada con Patrón de Trueno como fondo resaltando el Patrón de 2 dragones, en sus 4 soportes cilíndricos se ve el Patrón de Rostro Bestial. Después de la mitad de dicha dinastía, el uso de Ding se fue regularizando, la cantidad utilizada se basaba en la jerarquía y estatus del usuario.

"白"铜方座簋

西周（公元前1046～前771年）
高21、口径18.3厘米
征集
陕西历史博物馆藏

Gui con pedestal cuadrado de bronce "bai" - Recipiente de comida
Bronze Square Pedestal *gui* (A Round-Mouthed Food Vessel with Two or Four Loop Handles) with Inscription of *"bai"*

Dinastía Zhou Occidental (1046 AC - 771 AC aprox.)
Alto 21, diámetro boca 18.3 (cm)
Recolectado
Coleccionado por el Museo de Historia de Shaanxi

盛放饭食的器皿，商代早期出现以后，逐步成为青铜礼器序列中一种主要器物。方座簋是西周时期青铜簋的一种重要的样式，此鼎通体以斜方格为框饰乳丁纹。至西周中期，簋的使用逐渐制度化，按照使用者的身份等级严格规定使用的数量。

Contenedor de comida, después de su aparición en el periodo temprano de la Dinastía Shang se fue convirtiendo gradualmente en un implemento principal entre la serie de implementos rituales de bronce. El aspecto de los Gui con pedestal cuadrado es el más importante de los Gui de bronce de la Dinastía Zhou Occidental. Este Gui está decorado completamente con Patrón de Botón. Llegando a la mitad de dicha dinastía, su uso se fue regularizando, la cantidad utilizada se basaba estrictamente en la jerarquía y estatus del usuario.

"仲枏父" 铜鬲
西周（公元前1046～前771年）
高14、口径19.5厘米
征集
陕西历史博物馆藏

Li "Zhong Nan Fu" de bronce - Caldero de comida
Bronze *li* (Ancient Cooking Tripod with Hollow Legs) with Inscription of "*zhongnanfu*"
Dinastía Zhou Occidental (1046 AC - 771 AC aprox.)
Alto 14, diámetro boca 19.5 (cm)
Recolectado
Coleccionado por el Museo de Historia de Shaanxi

煮饭用的炊器，也用作礼器。其形状一般为侈口（口沿外倾），有三个中空的足，便于炊煮加热。

Caldero para cocer comida, al mismo tiempo implemento ritual. Su aspecto consiste normalmente en un borde doblado hacia el exterior. Sus 3 soportes huecos facilitan el calentamiento de la cocción.

铜甗

西周（公元前1046～前771年）
高48.5、口径31.1厘米
1991年陕西省宝鸡市扶风县出土
陕西历史博物馆藏

Yan de bronce - Caldero de comida Bronze *yan* (Ancient Cooking Utensil)

Dinastía Zhou Occidental (1046 AC - 771 AC aprox.)
Alto 48.5, diámetro boca 31.1 (cm)
Desenterrado el 1991 del distrito Fufeng, Baoji, Shaanxi
Coleccionado por el Museo de Historia de Shaanxi

蒸 熟食物的炊器，也用作礼器。此甗为甑鬲连体，口沿下饰夔龙纹，下部饰兽面纹，器体厚重。可分为两部分，下半部称"鬲"，用于盛水，上半部称"甑"，两者之间有镂空的箅子相隔，用来放置食物，以蒸汽蒸炊食物。

Caldero para cocer comida, al mismo tiempo implemento ritual. Su parte superior (zeng) e inferior (li) están unidas, la superficie bajo la boca es decorada con Patrón de Dragón Kui y la parte inferior con Patrón de Rostro Bestial, tiene una contextura pesada y gruesa. El Yan es compuesto por la parte inferior "li", la cual sirve como contenedor de agua, y la parte superior "zeng", entre ambas se encuentra una plancha con orificios donde se pone la comida para ser cocida a vapor.

铜编钟（一组6件）

西周（公元前1046～前771年）
高11.5～22.7、宽5～11厘米
征集
陕西历史博物馆藏

Carillón de bronce - Instrumento musical (set de 6 piezas)
Bronze Chime
Dinastía Zhou Occidental (1046 AC - 771 AC aprox.)
Alto 11.5-22.7, ancho 5-11 (cm)
Recolectado
Coleccionado por el Museo de Historia de Shaanxi

钟是先秦时期用途最广泛的打击乐器，也用作礼器。使用时需3个以上才能组成音阶，故又称为编钟。此编钟一组6件，形制纹饰基本相同，大小递减。每件编钟均于表面饰一对卷唇回首夔龙、"S"形双头兽纹等多种纹饰。

Zhong (carillón) es el instrumento musical de percusión más utilizado antes de la Dinastía Qin, también es utilizado como implemente ritual. Se necesita más de 3 piezas para formar una escala musical y por esta razón es llamado "*bianzhong*"(literalmente campana trenzada). Este set contiene 6 piezas con forma y patrón casi idénticos y el tamaño se reduce gradualmente. Cada pieza es decorada con diversos diseños como Dragón Kui de labios curvados mirando hacia atrás o Patrón de Bestia de 2 Cabezas con forma de "S",etc.

铜爵
西周（公元前1046～前771年）
高20.4、长16.4厘米
采集
陕西历史博物馆藏

Jue de bronce - Recipiente de licor
Bronze *jue* (Ancient Wine Vessel with
Three Legs and a Loop Handle)
Dinastía Zhou Occidental (1046 AC - 771 AC aprox.)
Alto 20.4, largo 16.4 (cm)
Recolectado
Coleccionado por el Museo de Historia de Shaanxi

饮 酒器。该件为长流，一侧有鋬手，
杯口有蘑菇形双柱，便于提取时使
用。腹部饰有云雷纹。

Recipiente de licor. Esta pieza es un Jue estilo
Changliu, a un lado se encuentra un mango, en
la boca se ve dos pequeños pilares con forma de
hongo que facilita para ser tomado. Su cuerpo es
decorado con Patrón de Nube y Trueno (Yunlei).

铜戈
战国（公元前475～前221年）
阑高12.5、通长25厘米
征集
陕西历史博物馆藏

Ge de bronce - Arma
Bronze *ge* (Dagger-Axe)
Periodo de los Reinos Combatientes
(Zhanguo) (475 AC-221 AC)
Alto 12.5, largo general 25 (cm)
Recolectado
Coleccionado por el Museo de Historia de
Shaanxi

兵 器。由铜制的戈头、木柄等构成，主要用于钩杀。铜戈流行于商代至汉代（约公元前1600～公元220年），此后转变为更为常见的铁兵器。

Arma compuesta por un cabezal de bronce y mango de madera, es usada principalmente para atacar. Los Ge de bronce fueron populares desde la Dinastía Shang hasta la Dinastía Han (1600 AC- 220 DC aprox.), después fue evolucionado en arma de hierro más común.

铜矛（带鞘）
战国秦（公元前475～前221年）
长23.5厘米
1974年陕西省户县出土
陕西历史博物馆藏

Lanza de bronce (con vaina)
Bronze Spear (with Sheath)
Periodo de los Reinos Combatientes (Zhanguo) y Dinastía Qin (475 AC-221 AC)
Largo 23.5 (cm)
Desenterrado en el 1974 del distrito Hu, Shaanxi
Coleccionado por el Museo de Historia de Shaanxi

矛 是用于冲刺的进攻性兵器。矛体截面呈菱形，中起脊，脊两侧各有风槽，以增强穿刺的速度和力度。这件矛是两件铜矛套合而成，外鞘也是一支锋刃锐利的矛，可在刺敌后抽回内矛再次进行刺杀，是一种暗藏杀机的近身格斗兵器。

La lanza es un arma de punción para atacar. El corte de su cuerpo tiene forma de un rombo, se encuentra un lomo a la mitad y a sus 2 lados respectivas zanjas para intensificar la velocidad y fuerza de la punción. Esta pieza es compuesta por 2 lanzas armadas, su vaina exterior es otra lanza afilada, de esta forma una vez punzada dentro del enemigo la segunda pieza puede ser extraída y realizar otro ataque, es un arma para lucha de corta distancia llena de astucia.

汉唐一统　海纳百川（公元前221～公元907年）

El unísono en Han y Tang, inclusión de diversidades (221 AC - 907 DC)

Nationwide Unification in the Han and Tang Dynasties and Great Absorption of Diversity (From 221 BC to AD 907)

U
第二单元
NIDAD II
PART 2

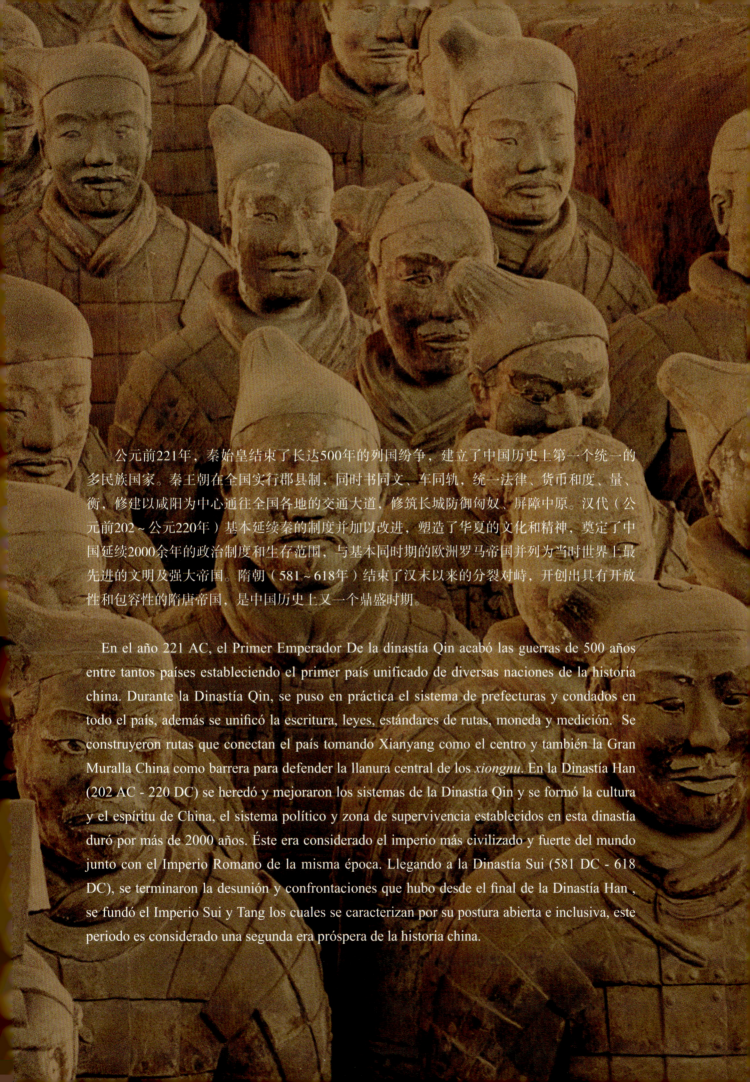

公元前221年，秦始皇结束了长达500年的列国纷争，建立了中国历史上第一个统一的多民族国家。秦王朝在全国实行郡县制，同时书同文、车同轨，统一法律、货币和度、量、衡，修建以咸阳为中心通往全国各地的交通大道，修筑长城防御匈奴、屏障中原。汉代（公元前202～公元220年）基本延续秦的制度并加以改进，塑造了华夏的文化和精神，奠定了中国延续2000余年的政治制度和生存范围，与基本同时期的欧洲罗马帝国并列为当时世界上最先进的文明及强大帝国。隋朝（581～618年）结束了汉末以来的分裂对峙，开创出具有开放性和包容性的隋唐帝国，是中国历史上又一个鼎盛时期。

En el año 221 AC, el Primer Emperador De la dinastía Qin acabó las guerras de 500 años entre tantos países estableciendo el primer país unificado de diversas naciones de la historia china. Durante la Dinastía Qin, se puso en práctica el sistema de prefecturas y condados en todo el país, además se unificó la escritura, leyes, estándares de rutas, moneda y medición. Se construyeron rutas que conectan el país tomando Xianyang como el centro y también la Gran Muralla China como barrera para defender la llanura central de los *xiongnu*. En la Dinastía Han (202 AC - 220 DC) se heredó y mejoraron los sistemas de la Dinastía Qin y se formó la cultura y el espíritu de China, el sistema político y zona de supervivencia establecidos en esta dinastía duró por más de 2000 años. Éste era considerado el imperio más civilizado y fuerte del mundo junto con el Imperio Romano de la misma época. Llegando a la Dinastía Sui (581 DC - 618 DC), se terminaron la desunión y confrontaciones que hubo desde el final de la Dinastía Han , se fundó el Imperio Sui y Tang los cuales se caracterizan por su postura abierta e inclusiva, este periodo es considerado una segunda era próspera de la historia china.

秦汉雄风

LA MAJESTUOSIDAD DE LA DINASTÍA QIN Y DINASTÍA HAN
IMPOSING STRENGTH OF THE QIN AND HAN DYNASTIES

秦汉之时，国力强盛、疆域辽阔、文化和经济社会发展水平领先于世界。公元前2世纪，汉朝遣使西域，保障丝绸之路畅通，丝绸之路后来延伸至欧洲，不仅是古代亚欧互通有无的商贸大道，还是沟通东西方文化的友谊之路，至今仍发挥着重要作用。

中国人逐渐被称为"汉人"，而汉字、汉语、汉学、汉服等称谓也均与汉代相关，博大精深的汉文化极大地推动了东方文明的进程。古人相信人死后灵魂还会在另一个世界像活人一样继续生活，故"事死如事生"，不但尽量将活着的时候所用的工具、物品纳入墓中，甚至将军队、侍从、房屋、田地、家禽、牲畜等也制成模型，作为明器随葬，墓葬出土文物正是当时社会的缩影。

La Dinastía Qin y la Dinastía Han poseían una gran fortaleza nacional y un territorio amplio, el nivel del desarrollo cultural y económico estaba a la cabeza del mundo. En el siglo II AC, el gobierno Han envío diplomáticos al oeste para garantizar que la Ruta de Seda estuviera libre de obstáculos la cual fue extendida posteriormente hasta Europa, ésta no sólo servía como vía comercial que ayudaba a complementar las mercancías entre Asia y Europa antigua, sino también era el puente que conectaba la cultura oriental y occidental, hasta el día de hoy, la Ruta de Seda sigue teniendo un papel significativo.

Con el tiempo, los chinos fueron llamados "personas *han*", asimismo, los caracteres (*han zi*), el idioma (*han yu*), la sinología (*han xue*) y la vestimenta tradicional (*han fu*) son nombres que también se relacionan con la Dinastía Han, la cultura sabia y profunda de esta dinastía promovió significativamente el avance de la civilización del oriente. Los antiguos creían que después de la muerte, el espíritu del muerto seguirá viviendo en otro mundo como lo hizo en este y debía ser tratado como lo fue durante su vida, ellos hacían lo posible para incluir en las tumbas todas las herramientas y utensilios que utilizó en su vida, además elaboraban figuras y maquetas de ejércitos, sirvientes, casas, campos y ganados como acompañamiento de entierro, como resultado, las reliquias desenterradas de las tumbas son el epítome de la sociedad de ese tiempo.

秦始皇陵外景图
Imagen del exterior del mausoleo del Primer Emperador de la Dinastía Qin

秦始皇帝陵
MAUSOLEO DEL PRIMER EMPERADOR DE LA DINASTÍA QIN, QIN SHI HUANG
MAUSOLEUM OF EMPEROR QINSHIHUANG

秦始皇帝陵位于西安市郊的骊山之北。已探明四周分布着400多个形制不同、内涵各异的陪葬坑和墓葬。秦始皇陵兵马俑坑是秦始皇陵的陪葬坑，位于陵园东侧1500米处，总面积达19120平方米，足有两个半足球场大小。一号俑坑内有8000多个兵马俑，左右两侧是二号坑和三号坑。

秦兵马俑场面宏大、队列整齐，展现了秦军的编制、战争的阵法、武器的装备等，是模仿秦朝地面部队的"地下武装"，也是当时秦军实战队列的真实再现。阵式攻防兼备，一号坑有战车和步兵联合编队，旁边的二号坑排列的是由战车阵、骑兵阵、弩兵阵和车骑阵四个小阵混编的方阵，这样的组合，近似当代多兵种协同作战的模式。

秦兵马俑皆仿真人、真马制成，陶俑身高1.75～1.95米，面目塑造几乎没有重复，个性十足。兵俑配备的是金属实战武器，已出土4万多件青铜兵器，车辆、挽具等也都是实物。

秦始皇兵马俑是世界考古史上最伟大的发现之一。1978年，时任巴黎市长的法国前总统希拉克参观后说："世界上有了七大奇迹，秦俑的发现，可以说是第八大奇迹了。不看秦俑，不能算来过中国。"从此秦俑被誉为"世界八大奇迹之一"。

秦始皇帝陵1号陪葬坑
Foso de acompañamiento de entierro N°1 del mausoleo del Primer Emperador de la Dinastía Qin, Qin Shi Huang

El mausoleo del Primer Emperador de la Dinastía Qin se encuentra al norte de la Montaña Lishan en el suburbio de Xi'an. Los fosos de Guerreros de Terracota son fosos de acompañamiento de entierro, éstos se ubican a 1.500 m al este del mausoleo y posee una superficie de 19.120 m2, se encuentran a los lados izquierdo y derecho los fosos N°2 y N°3. Se detecta hasta el momento más de 400 fosos de acompañamiento y entierro con diversas formas y contenidos a su alrededor.

Los Guerreros de Terracota Qin se caracterizan por su gran magnitud, marcialidad y precisión en la formación de la tropa, además presentan la plantilla, táctica de formación guerrera y equipamiento de armas del ejército Qin, es un "ejército subterráneo" que imita a la tropa terrestre de tal dinastía y también una manifestación de la formación de la armada Qin de combate real. Están compuestos por filas tanto para ataque como para defensa, dentro del foso N°1 se encuentran carros de combate y alianza de infantería, a su lado está el foso N°2 donde se encuentra una formación compuesta por 4 tropas: carro de combate, caballería, arquero y carro a caballo, este tipo de composición se asimila a las operaciones militares en coordinación entre diferentes ejércitos de la modernidad.

Estos Guerreros de Terracota Qin fueron hechos imitando a personas y caballos reales, las figuras miden entre 175 cm a 195 cm, sus rostros casi no se repiten y cada uno posee una personalidad única. Los guerreros están equipados con armas metálicas de combate real, los objetos de bronce, carros y arneses desenterrados también son objetos reales.

Los Guerreros de Terracota del Primer Emperador de la Dinastía Qin son uno de los descubrimientos más grandiosos en la historia arqueológica mundial. En el 1978, el ex presidente de Francia, quien en ese momento servía como el alcalde de Paris, Chirac, dijo después de su visita: "Existen ya 7 milagros en el mundo, el descubrimiento de los Guerreros de Terracota pasa a ser perfectamente el octavo, si no has visto a estos guerreros no se puede considerar que viniste a China." Desde entonces, los guerreros son considerados mundialmente como parte de los 8 milagros.

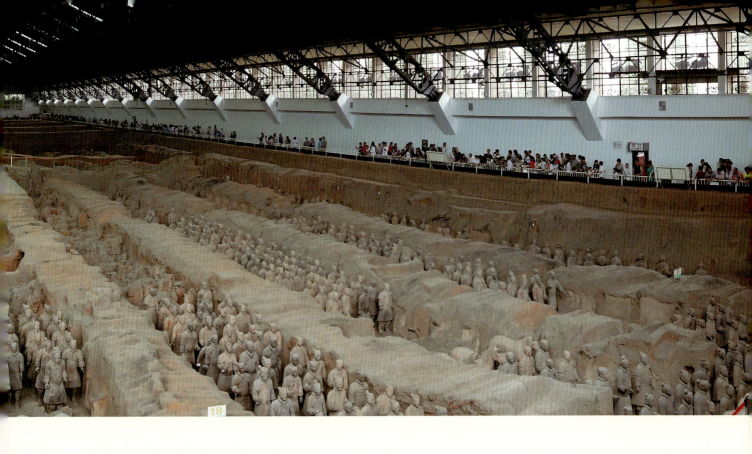

铜车马图
Fotografía de la Carroza y Caballos de Bronce

陶武士俑

秦代（公元前221～前207年）
高189、宽68、厚56厘米
1974年陕西省秦始皇陵兵马俑陪葬坑出土
陕西历史博物馆藏

Guerrero de Terracota
Pottery Figurine of Warrior

Dinastía Qin (221 AC-207 AC)
Alto 189, ancho 68, grosor 56 (cm)
Desenterrado el 1974 del foso de Guerreros de
Terracota en el mausoleo del Primer Emperador
de la Dinastía Qin, Shaanxi
Coleccionado por el Museo de Historia de
Shaanxi

秦陵陪葬坑陶俑。该俑头束发髻，颌下留须，身穿齐膝长襦，外着披膊铠甲，腿扎行縢，足登方履。身穿铠甲，厚重的铠甲使他们在作战时获得较高的防护，提高了战场生存率，是秦军中的主战力量。

Figura de terracota enterrada en el mausoleo junto con el Primer Emperador de la Dinastía Qin. Posee barba, lleva un peinado alto, una chaqueta a la rodilla y por fuera un armadura que cubre hasta los hombros, sus piernas están envueltas con cintas y en los pies lleva calzados cuadrados. Esta armadura gruesa entrega una mayor protección en los combates aumentando la posibilidad de supervivencia en las guerras. Este tipo de guerrero forma la capacidad combativa principal de la armada de Qin.

陶武士俑

秦代（公元前221～前207年）

高183厘米

1974年陕西省秦始皇陵兵马俑陪葬坑出土

陕西历史博物馆藏

Guerrero de Terracota
Pottery Figurine of Warrior

Dinastía Qin (221 AC-207 AC)

Alto 183 (cm)

Desenterrado el 1974 del foso de Guerreros de Terracota en el mausoleo del Primer Emperador de la Dinastía Qin, Shaanxi

Coleccionado por el Museo de Historia de Shaanxi

陵陪葬坑陶俑。该俑头束发髻，颌下留须，身穿齐膝长襦，外着披膊铠甲，腿扎行縢，足登方履。身穿铠甲，厚重的铠甲使他们在作战时获得较高的防护，提高了战场生存率，是秦军中的主战力量。

Figura de terracota enterrada en el mausoleo junto con el Primer Emperador de la Dinastía Qin. Posee barba, lleva un peinado alto, una chaqueta a la rodilla y por fuera un armadura que cubre hasta los hombros, sus piernas están envueltas con cintas y en los pies lleva calzados cuadrados. Esta armadura gruesa entrega una mayor protección en los combates aumentando la posibilidad de supervivencia en las guerras. Este tipo de guerrero forma la capacidad combativa principal de la armada de Qin.

陶武士俑

秦代（公元前221~前207年）
高182厘米
1974年陕西省秦始皇陵兵马俑陪葬坑出土
陕西历史博物馆藏

Guerrero de Terracota
Pottery Figurine of Warrior

Dinastía Qin (221 AC-207 AC)
Alto 182 (cm)
Desenterrado el 1974 del foso de Guerreros de Terracota
en el mausoleo del Primer Emperador de la Dinastía
Qin, Shaanxi
Coleccionado por el Museo de Historia de Shaanxi

秦始皇帝陵陪葬坑陶俑。俑为轻装步兵俑。头绾圆形髻，上唇有胡须，目光平视，身穿长衣，腰束革带；下穿短裤，腿扎行滕；足登履。左手作按剑状，右手作提弓状。

Figura de terracota de acompañamiento de entierro en el mausoleo del Primer Emperador de la Dinastía Qin. Esta figura pertenece a la infantería ligera, lleva como peinado un moño redondo, en su rostro se aprecia un bigote y una mirada al horizonte, en la parte superior, su cuerpo viste de túnica con un cinturón de cuero mientras que en la inferior unos shorts, sus piernas están envueltas con cintas y en los pies lleva calzados cuadrados. Sus manos mantienen la postura en la cual llevaba una espada en la mano izquierda y un arco en la derecha.

陶跪射俑

秦代（公元前221～前207年）
高112、宽61、厚56厘米
1974年陕西省秦始皇陵兵马俑陪葬坑出土
陕西历史博物馆藏

Guerrero de Terracota - Arquero arrodillado
Pottery Figurine Kneeling Archer

Dinastía Qin (221 AC-207 AC)
Alto 112, ancho 61, grosor 56 (cm)
Desenterrado el 1974 del foso de Guerreros de
Terracota en el mausoleo del Primer Emperador de la
Dinastía Qin, Shaanxi
Coleccionado por el Museo de Historia de Shaanxi

秦陵陪葬坑跪射陶俑。俑身穿铠甲，单腿跪地，双手似持弓弩状。采取跪射姿势在作战中既可迅速冲击敌军阵，也可坚固防守。跪射俑通常位于战斗队形的突出部位。

Figura de arquero arrodillado de terracota enterrada
en el mausoleo junto con el Primer Emperador de
la Dinastía Qin. Lleva armadura, arco y flechas,
se encuentra arrodillado en una sola pierna y en
las manos probablemente llevaba un arco. Esta
posición permite un ataque veloz a la tropa del
enemigo y también una firme defensa. Este tipo
de guerrero se ubica normalmente en las partes
salientes de la tropa.

陶跽坐俑

秦代（公元前221～前207年）
高69厘米
1971年陕西秦始皇陵马厩坑出土
陕西历史博物馆藏

Figura Arrodillada de Terracota
Pottery Figurine Kneeling Seat

Dinastía Qin (221 AC-207 AC)
Alto 69 (cm)
Desenterrado el 1971 del foso de establo en el mausoleo
del Primer Emperador de la Dinastía Qin, Shaanxi
Coleccionado por el Museo de Historia de Shaanxi

秦始皇帝陵陪葬坑陶俑。陶俑面前放有陶罐、陶灯及铁锸、铁镰等工具，多为俑、马同坑。陶罐、陶盆上有铭文，可知这些陪葬坑是秦宫厩苑的象征，俑的身份是养马人。俑面部表情严谨，身着长衣，脑后绾髻，不戴冠，正是普通劳动者的装束。

Figura de terracota de acompañamiento de entierro en el mausoleo del Primer Emperador de la Dinastía Qin. Frente a ella se encontraban jarros y faroles de cerámica junto con herramientas como pala y hoz de hierro, normalmente son enterradas en el mismo foso junto a las figuras de caballo. En los jarros y vasijas de cerámica se encuentran inscripciones de las cuales se sabe que estas figuras son la representación del establo del Palacio Qin y las figuras humanas representan a los mozos de caballo. En su rostro muestra un gesto de seriedad, en su cuerpo lleva una túnica larga mientras que en su cabeza, un moño en lugar de un sombrero, esta combinación era el atuendo de los trabajadores ordinarios.

楚国金"郢爰"

战国（公元前475～前221年）
长3、宽3、厚0.4厘米
调拨
陕西历史博物馆藏

Moneda *yingyuan* de oro del Estado Chu
Gold Coin with Inscription of "*yingyuan*", Chu State

Periodo de los Reinos Combatientes (Zhanguo) (475 AC-221 AC)
Largo 3, ancho 3, grosor 0.4 (cm)
Redistribuido
Coleccionado por el Museo de Historia de Shaanxi

战国时期楚国的一种货币。这是中国最早的黄金铸币，使用时，根据需要将金版或金饼切割成零星小块，然后称量使用。当时黄金的流通限于上层社会，而且只在国际礼聘、国王赠赏、大宗交易时才使用。

Un tipo de moneda del Estado Chu en el Periodo de los Reinos Combatientes (Zhanguo). Éstas son las primeras monedas fundidas de oro, en el momento de su uso, las planchas o discos de oro son cortados a necesidad en pedazos pequeños y luego son pesados. En tal época la circulación del oro fue limitada en la sociedad alta, son usadas solamente en invitaciones cordiales entre países, negocios en masa o como obsequio del rey.

楚国蚁鼻铜钱

战国（公元前475～前221年）
长1.9、宽1厘米
征集
陕西历史博物馆藏

Moneda de bronce Yibi del Estado Chu con diseño de rostro
Bronze Coin with Tiny Nose, Chu State

Periodo de los Reinos Combatientes (Zhanguo) (475 AC-221 AC)
Largo 1.9, ancho 1 (cm)
Recolectado
Coleccionado por el Museo de Historia de Shaanxi

战国早期(约公元前5世纪)楚国的铜币。形状为凸面椭圆形，略似海贝。钱面铭文，似一只蚂蚁歇于鼻尖，故俗称"蚁鼻钱"。原始贝币是早期中国实物货币之一，商周时期的墓葬时有出土。

Moneda de bronce del Estado Chu durante el periodo temprano de los Reinos Combatientes (siglo V AC aprox.). Tiene una forma ovalada con una cara convexa similar a una concha. Lleva inscripciones y una figura parecida a una hormiga en su nariz, por esta razón es llamada coloquialmente moneda"Yibi"(literalmente nariz de hormiga). Las conchas originales fueron una de las monedas materiales en la época inicial de China y se han visto en las excavaciones de tumbas de la Dinastía Shang y Dinastía Zhou.

"齐法货"铜刀币

战国（公元前475～前221年）
长18厘米
征集
陕西历史博物馆藏

Moneda "qifahuo" de bronce con forma de cuchillo
Bronze Knife-shaped Coin with Inscription of "*qifa huo*", Qi State

Periodo de los Reinos Combatientes (Zhanguo) (475 AC-221 AC)
Largo 18 (cm)
Recolectado
Coleccionado por el Museo de Historia de Shaanxi

刀 币。是春秋战国时期逐渐遍及齐国、燕国、赵国等地的一种货币。是由渔猎工具刀削演变而来，由刀首、刀身、刀柄和刀环四个部分组成。篆书"齐法货"。

Las monedas con forma de cuchillo fueron un tipo de moneda que se popularizó gradualmente en los Estados Qi, Yan, Zhao y otros durante el Periodo de los Reinos Combatientes. Evolucionó de los cuchillos usados en la cacería y pesca, es compuesta por 4 partes: cabezal, cuerpo, mango y aro.

燕国"明"铜刀币

战国（公元前475～前221年）
长13.8、宽1.8厘米
征集
陕西历史博物馆藏

Moneda "ming" de bronce con forma de cuchillo del Estado Yan
Bronze Knife-shaped Coin with Inscription of "ming", Yan State

Periodo de los Reinos Combatientes (Zhanguo) (475 AC-221 AC)
Largo 13.8, ancho 1.8 (cm)
Recolectado
Coleccionado por el Museo de Historia de Shaanxi

燕 国货币。篆书"明"字，俗称"燕明刀"，或称"明刀"。

Moneda de bronce con forma de cuchillo del Estado Yan.

燕 "襄平" 铜布币
战国（公元前475～前221年）
长4、宽2.5厘米
征集
陕西历史博物馆藏

Moneda "xiangping" de bronce con forma de pala del Estado Yan
Bronze Spade-shaped Coin with Inscription of *"xiangping"*, Yan State
Periodo de los Reinos Combatientes (Zhanguo) (475 AC~221 AC)
Largo 4, ancho 2.5 (cm)
Recolectado
Coleccionado por el Museo de Historia de Shaanxi

战国时期铸行于燕国的货币。其形状从青铜农具演变而来，因形状似铲，又称铲布。币上文字 "襄平"，为燕国地名。

Moneda fundida y circulada en el Estado Yan durante el Periodo de los Reinos. Combatientes (Zhanguo). Su forma evolucionó de la herramienta agrícola de bronce, pala, posee aspectos similares a ella. La inscripción en ella, "xiangping", es el nombre de un lugar de dicho estado.

"安阳" 铜布币
战国（公元前475～前221年）
长4.8、宽3厘米
征集
陕西历史博物馆藏

Moneda "anyang" de bronce con forma de pala
Bronze Spade-shaped Coin with Inscription of *"anyang"*
Periodo de los Reinos Combatientes (Zhanguo) (475 AC-221 AC)
Largo 4.8, ancho 3 (cm)
Recolectado
Coleccionado por el Museo de Historia de Shaanxi

战国中晚期货币，铸行于赵、燕两国。其形状从青铜农具演变而来，因形状似铲，又称铲布。币上文字 "安阳"，为地名。

Moneda de la mitad y la última etapa del Periodo de los Reinos Combatientes (Zhanguo), fundida y circulada en los Estados Zhao y Yan. Su forma evolucionó de la herramienta agrícola de bronce, pala, posee aspectos similares a ella. La inscripción en ella, "anyang", se refiere al nombre de un lugar.

"平阳"铜布币

战国（公元前475～前221年）
长4.6、宽2.8厘米
征集
陕西历史博物馆藏

Moneda "pingyang" de bronce con forma de pala
Bronze Spade-shaped Coin with Inscription of "*pingyang*"

Periodo de los Reinos Combatientes (Zhanguo) (475 AC-221 AC)
Largo 4.6, ancho 2.8 (cm)
Recolectado
Coleccionado por el Museo de Historia de Shaanxi

战国时期铸行于赵国、魏国货币。其形状从青铜农具演变而来，因形状似铲，又称铲布。币上文字"平阳"，为当时的地名。

Moneda fundida y circulada en los Estados Zhao y Wei durante el Periodo de los Reinos Combatientes (Zhanguo). Su forma evolucionó de la herramienta agrícola de bronce, pala, posee aspectos similares a ella. La inscripción en ella, "pingyang", es el nombre de un lugar de dicho periodo.

秦国大"半两"铜钱

战国（公元前475～前221年）
直径3.5厘米
征集
陕西历史博物馆藏

Moneda "banliang" grande de bronce del Estado Qin
Large Bronze Coin with Inscription of "*banliang*", Qin State

Periodo de los Reinos Combatientes (Zhanguo) (475 AC-221 AC)
Diámetro 3.5 (cm)
Recolectado
Coleccionado por el Museo de Historia de Shaanxi

战国时期秦国货币。圆形方孔，币上铸"半两"二字，为小篆文字，它表示每枚重为当时的半两，故称"半两钱"。

Moneda del Estado Qin del Periodo de los Reinos Combatientes (Zhanguo). Es de forma circular con un hueco cuadrado en el centro, en su superficie se encuentran los caracteres fundidos "ban liang", en escritura Zhuan menor, que significa el peso de cada moneda: medio *liang*, por esta razón es llamada moneda "banliang".

铜"半两"钱范
秦代（公元前221～前207年）
长17.5～24、宽8.3～8.8厘米
1994年陕西省绥德县出土
陕西历史博物馆藏

**Molde de monedas "banliang" de bronce
Mould of Bronze Coin with Inscription of
*"banliang"***

Dinastía Qin (221 AC-207 AC)
Largo 17.5-24, ancho 8.3-8.8 (cm)
Desenterrado el 1994 del distrito Suide, Shaanxi
Coleccionado por el Museo de Historia de Shaanxi

钱范是浇铸钱币的模具。面、背范扣合严密，范首浇铸口呈漏斗状，范面并列阴刻"半两"二字，钱文规整。现已发现的半两钱范多为正面单范，合范尤为罕见。

Estas piezas son moldes para fundir monedas. La pieza frontal y dorsal pueden ser juntadas herméticamente, el canal para el bronce líquido tiene forma de embudo, en la superficie se encuentra grabado cóncavo de los caracteres "ban liang"con escritura estandarizada. Los moldes descubiertos hasta el momento son mayormente de una pieza frontal lo que hace este tipo de 2 piezas muy excepcional.

"半两"铜钱

秦代（公元前221～前207年）
直径2.5～3.5厘米
征集
陕西历史博物馆藏

Moneda "banliang" de bronce
Bronze Coin with Inscription
of "ban- liang"
Dinastía Qin (221 AC-207 AC)
Diámetro 2.5-3.5 (cm)
Recolectado
Coleccionado por el Museo de Historia de
Shaanxi

货币。上有"半两"二字。史书记载，半两钱铸行于秦惠文王二年（公元前336年）。中国广泛铸造和使用金属货币，开始于春秋战国（公元前770～前221年）。商品经济飞跃发展，促使各诸侯国纷纷铸造铜、金、银等金属钱币，形制多仿生产工具，如刀币、布币（铲状）、圆钱等，并在钱上铸地名，形成了多币制和多币型长期共存并用的特殊局面。秦始皇统一全国后，废除六国货币，用行政的力量使半两钱通行全国，中国古代铸币在形制上第一次得到统一。半两钱圆形方孔，造型正符合古代中国人"天圆地方"的理念，对其后2000年中国货币形制都有影响。

Moneda con los caracteres "ban liang". Se registra que las monedas "Ban Liang" fueron fundidas durante el año II del reinado del Emperador Huiwen del Estado Qin (336 AC).Desde el Periodo de las Primaveras y Otoños (Chunqiu) y los Países Combatientes (Zhanguo), la fundición y uso de las monedas de metal eran amplios a lo largo de China. El desarrollo comercial y económico acelerado estimuló a los estados vasallos a fundir monedas de bronce, oro, plata y otros materiales, sus formas normalmente imitan a las herramientas productivas como cuchillo, pala, etc., o tienen forma circular y sobre sus caras se funde el nombre del lugar formando una situación particular: una larga coexistencia de diferentes sistemas y formas monetarios. Después de la unificación por el Primer Emperador de la Dinastía Qin, se anularon los sistemas de los 6 estados promoviendo con fuerza administrativa la circulación de la moneda "Ban Liang"en todo China, ésta fue la primera vez que se estandarizó el sistema monetario antiguo del país. La moneda "Ban Liang"tiene forma circular con un hueco cuadrado en el centro la que coincide con la filosofía "cielo esférico y tierra cuadrada" de los antiguos, su influencia en la forma y sistema monetario de China duró por otros 2000 años.

"五铢" 铜钱

汉代（公元前202～公元220年）
直径2.2厘米
征集
陕西历史博物馆藏

Moneda "wuzhu" de bronce
Bronze Coin with Inscription of "wuzhu"
Dinastía Han (202 AC-220 DC)
Diámetro 2.2 (cm)
Recolectado
Coleccionado por el Museo de Historia de Shaanxi

货币。最早铸于公元前118年，五铢钱是秦汉货币史上的一大转折，实现了中央对货币铸造权的集中统一。汉代五铢，形制规整，重量标准，铸造精良。五铢一直流通至唐代。

Moneda, fundida por primera vez en el año 118 AC. La moneda "Wu Zhu"(cinco *zhu*) marca un gran viraje en la historia de moneda Qin y Han concretando la unificación central de su derecho de fundición por el estado. Éstas poseen forma y peso estandarizados y una manufacturación sofisticada, fueron circuladas hasta la Dinastía Tang.

"开元通宝" 铜钱

唐代（618～907年）
直径2.3厘米
征集
陕西历史博物馆藏

Moneda "kaiyuantongbao" de bronce
Silver Coin with Inscription of "*kai yuantongbao*"
Dinastía Tang (618 DC-907 DC)
Diámetro 2.3 (cm)
Recolectado
Coleccionado por el Museo de Historia de Shaanxi

唐代第一种货币，也是发行量最大，沿用时间最长的货币。621年，为整治混乱的币制，唐代废隋钱，效仿西汉五铢的严格规范，开铸"开元通宝"，取代社会上遗存的五铢。由于其质量合理，钱币做工比较精美，故深受百姓喜爱。

La primera moneda de la Dinastía Tang, también la moneda con la mayor emisión y duración. En el año 621 DC, para rectificar la descoordinación del sistema monetario, se anularon las monedas de la Dinastía Sui, imitando a las regulaciones estrictas de la Dinastía Han Occidental. Estas monedas fueron bien recibidas por el pueblo por su calidad razonable y fineza.

"开元通宝"银钱

唐代（618～907年）
直径2.2厘米
1970年陕西省西安市何家村出土
陕西历史博物馆藏

**Moneda "kaiyuantongbao" de plata
Copper Coin with Inscription of "*kai yuantongbao*"**

Dinastía Tang (618 DC-907 DC)
Diámetro 2.2 (cm)
Desenterrado en el 1970 de la aldea Hejia, Xi'an, Shaanxi
Coleccionado por el Museo de Historia de Shaanxi

赏 玩钱币。唐代铸造过金、银质开元通宝。这两种贵重金属币仅限皇家赏赐，供贵族玩赏，并不投入流通，因此存世量极小。

Moneda de colección. En la Dinastía Tang se fabricaron monedas "Kai Yuan Tong Bao" de oro y plata, estas monedas de valor fueron solamente utilizadas para colección entre la familia imperial como símbolo de riqueza o por afición. No fueron circuladas por lo que son muy escasas.

"崇宁通宝" 铜钱

北宋（960～1127年）
直径3.5厘米
陕西省西安市马王村贾长发交
陕西历史博物馆藏

Moneda "chongningtongbao" de bronce
Copper Coin with Inscription of "*chongning*
***tongbao*"**

Dinastía Song Norte (960 DC-1127 DC)
Diámetro 3.5 (cm)
Entregado por Jiachang, Aldea Mawang, Xi'an, Shaanxi
Coleccionado por el Museo de Historia de Shaanxi

货币。北宋徽宗崇宁年间(1102～1106年)始铸。钱文为徽宗皇帝亲书，所以其又为御书钱。该钱文书法清秀骨瘦，是徽宗赵佶瘦金书体存留世间的真实显现。

Moneda. Fundidas entre los años Chongning (1102 DC-1106 DC) del reinado del Emperador Huizong, Zhaoji, de la Dinastía Song Norte. Los caracteres fueron escritos por el propio emperador, por lo tanto también es llamada Moneda de Escritura Imperial. La escritura se destaca por ser delicada y esbelta, es la manifestación real de la Escritura Shoujin, creada por dicho emperador.

"康熙通宝" 铜钱

清代（1644～1911年）
直径2.7厘米
征集
陕西历史博物馆藏

Moneda "kangxitongbao" de bronce
Copper Coin with Inscription of
"*kangxi tongbao*"

Dinastía Qing (1644 DC-1911 DC)
Diámetro 2.7 (cm)
Recolectado
Coleccionado por el Museo de Historia de Shaanxi

货币。清康熙皇帝在位61年，因为当时社会政治比较稳定，经济发展很快，商品交换、货币经济也非常发达，所以康熙一朝的钱币铸造得非常精美，大都很规整，钱型厚重，文字美观。

Moneda. Durante el reinado del Emperador Kangxi de la Dinastía Qing que duró 61 años, la economía se desarrolló rápidamente por la estabilidad política y social de la época, el comercio y economía monetaria también fueron avanzados, por esta misma razón, las monedas fundidas durante el reinado de Kangxi eran bastante sofisticadas, estandarizadas con escritura bella y de mayor grosor.

铜剑

秦代（公元前221～前207年）
长44.6厘米，重343克
调拨
陕西历史博物馆藏

Espada de bronce
Bronze Sword

Dinastía Qin (221 AC-207 AC)
Largo 44.6 (cm), peso 343g
Redistribuido
Coleccionado por el Museo de Historia de Shaanxi

兵器。剑是随身佩带用以自卫防身或格斗、可斩可刺的兵器。佩剑还代表着等级身份，汉代铁剑流行后，青铜剑逐渐退出历史舞台。

Arma. La espada es un arma llevada consigo para defensa o lucha por corte o punción, además representa jerarquía y estatus. Después de la popularización de las espadas de hierro durante la Dinastía Han, las espadas de bronce fueron desapareciendo poco a poco.

铜诏版

秦代（公元前221～前207年）
长9.9、宽6.2厘米
征集
陕西历史博物馆藏

Bloque de impresión de edicto
Bronze Edict on Weights and Measures

Dinastía Qin (221 AC-207 AC)
Largo 9.9, ancho 6.2 (cm)
Recolectado
Coleccionado por el Museo de Historia de Shaanxi

颁布法令的诏书。正面刻6行40字诏文，意为：秦始皇廿六年（公元前221年），兼并诸侯、统一中国，百姓得以安定，秦始皇号称"皇帝"，令丞相规定长度、体积、重量标准，不明确的都予以明确、统一。

Edicto para promulgar disposición. En su cara frontal se encuentra grabado un edicto de 6 líneas con 40 caracteres: en el año XXVI (221 AC) del reinado del Primer Emperador de la Dinastía Qin, se anexan los estados vasallos y se unifica China, de esta forma el pueblo podrá gozar de estabilidad. El Primer Emperador de la Dinastía Qin se declara "Emperador", ordena al primer ministro a estandarizar mediciones de largo, volumen, peso y se aclaran los que no están estandarizados.

天涯共比邻
DOS CULTURAS UNIDAS
POR EL MISMO OCÉANO

彩绘陶步兵俑
汉代（公元前202～公元220年）
高47～48厘米
陕西省汉长陵出土
陕西历史博物馆藏

**Figura acompañamiento de
entierro con forma de guerrero
infante y diseño pintado
Painted Pottery Figurine of
Infantry**
Dinastía Han (202 AC-220 DC)
Largo 47-48 (cm)
Desenterrado del mausoleo Changling de
la Dinastía Han
Coleccionado por el Museo de Historia de
Shaanxi

随葬明器。步兵俑右手半握上举，原有木质武器已腐化。虽然体量上不如秦兵马俑威武高大，且姿态造型单一，但整齐的阵容、威武的气势、庞大的数量，仍不失大汉帝国的威仪。汉承秦制，在葬俗上用兵马俑陪葬即是一例。多个帝陵及大臣贵戚的陪葬坑中都发现有大量兵马俑随葬。俑的塑造真实地模仿了当时士兵的装备，这些彩绘鲜艳的步兵俑为我们研究汉初的军服装备、部队建制等都具有重要的意义。

Objeto enterrado junto con el muerto. Sus manos derechas están levantadas sosteniendo originalmente armas de madera las cuales ya se han desintegrado. A pesar de que en tamaño y diversidad no se comparan con los Guerreros de Terracota de Qin, siguen siendo una representación de la majestuosidad del Imperio Han por sus filas perfectamente formadas, marcialidad y magnitud.Acompañar al muerto con figuras de guerreros es un ejemplo de las disciplinas que heredó la Dinastía Han de la Dinastía Qin. En muchos mausoleos imperiales y nobiliarios se han encontrado grandes acompañamientos de figuras de guerrero. Sus aspectos imitan vívidamente el equipamiento de los soldados de la época por lo cual estas figuras pintadas son significativas para el estudio sobre el equipamiento y sistema militar del principio de la Dinastía Han.

陶猪圈

汉代（公元前202~公元220年）
高21、长20、宽18厘米
征集
陕西历史博物馆藏

Maqueta de pocilga de cerámica
Pottery Pigpen

Dinastía Han (202 AC-220 DC)
Largo 20, ancho 18, alto 21 (cm)
Recolectado
Coleccionado por el Museo de Historia de Shaanxi

随葬明器。猪圈为半圆形矮墙所围，圈内有陶猪，猪圈上一侧置厕所。这个人厕、猪圈一体的模型是当时生活的真实写照，由此可知早在汉代人们已开始使用肥力很高的人猪粪混合肥料。

Objeto de acompañamiento de entierro. La pocilga está rodeada por una pared baja semicircular con un cerdo cerámico dentro y al otro lado está el baño. Esta maqueta de pocilga y baño juntos es un reflejo de la vida real de ese periodo, de ella podemos saber que desde la Dinastía Han ya se empezó a utilizar la mezcla de heces humanas y porcinas como un abono fértil.

陶仓

汉代（公元前202～公元220年）
高42、口径9厘米
征集
陕西历史博物馆藏

Maqueta de depósito de cerámica
Pottery Barn
Dinastía Han (202 AC-220 DC)
Alto 42, diámetro boca 9 (cm)
Recolectado
Coleccionado por el Museo de Historia de Shaanxi

随葬明器。陶仓为圆屋形，攒尖顶，顶盖模塑飞禽走兽，通体施酱黄釉。仓体上有墨书"粥米"二字。底足为人形，人呈跪姿，双手扶膝，耸肩扛仓。

Objeto de acompañamiento de entierro. Su techo tiene forma de un cono con un centro saliente y en su superficie se ven figuras de aves y animales, está completamente vidriado de color marrón. En su cuerpo están los caracteres "zhou mi"(arroz). Los soportes son figuras de personas arrodilladas, con las manos en las rodillas llevando el depósito en sus hombros.

绿釉陶烤炉

汉代（公元前202～公元220年）
高8.3、长24.6、宽17.6厘米
征集
陕西历史博物馆藏

**Horno de cerámica vidriada verde
Green-glazed Pottery Oven**
Dinastía Han (202 AC-220 DC)
Alto 8.3, largo 24.6, ancho 17.6 (cm)
Recolectado
Coleccionado por el Museo de Historia de Shaanxi

随葬明器。四底足为熊形。烤炉上有两枚烤签分置两侧，每枚签上串四只蝉。汉代有烧烤的风俗，喜好捕蝉食蝉。此烤炉是汉代人们日常饮食风俗的真实反映。

Objeto de acompañamiento de entierro. Sus soportes presentan la figura de unos osos, sobre el horno se encuentran dos pinchos a cada lado con 4 chicharras en cada pincho. En la Dinastía Han existía la costumbre de hacer asado, también era popular cazar y comer chicharras. Este horno es el reflejo real de la costumbre gastronómica cotidiana de la época.

L 汉代画像砖
LADRILLOS DE RETRATO DE LA DINASTÍA HAN
PORTRAIT BRICKS OF THE HAN DYNASTY

汉代（公元前202~公元220年）画像砖，是装饰在墓葬建筑物上的一种模印、雕刻和彩绘的图像砖。题材多样，内容丰富，有神话传说、历史故事，日、月、星、辰、山川等自然景物，以及农耕、渔猎、冶铁、酿酒、舞乐、宴饮、建筑、出行、征战等生产、生活活动和建筑图形与装饰图案。如一幅幅生动逼真的风俗画，表现了汉代丰富多彩的社会生活，是研究当时社会的最可靠的实物资料。

Los ladrillos de retrato de la Dinastía Han (año 202 AC al 220 DC) son ladrillos con imágenes moldeados, tallados y pintados para adornar la construcción de las tumbas. Tanto su temática como su contenido abarca una gran variedad, en ellos se encuentran leyendas, cuentos históricos y elementos de la naturaleza como el sol, la luna, las estrellas, montañas y ríos, también están las actividades de producción y vida como siembra, pesca, metalurgia, enología, danza, banquetes, arquitectura, salidas y batallas junto con figuras arquitectónicas y patrones decorativos. Éstos muestran la rica e interesante vida social de la Dinastía Han como vívidas pinturas de género, convirtiéndose en el material más fidedigno para estudiar la sociedad de esta época.

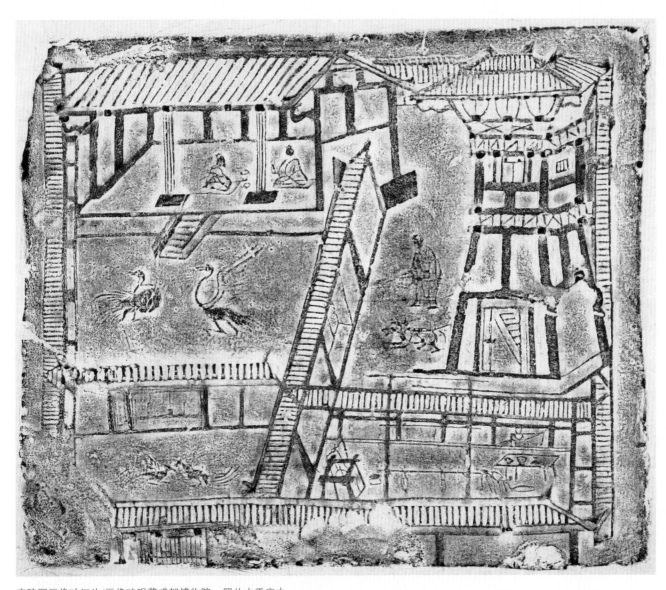

庭院图画像砖拓片(画像砖现藏成都博物院，照片由重庆中
国三峡博物馆提供)
Calco del cuadro de patios en ladrillo de retrato (Coleccionado
actualmente por el Museo de Chengdu, fotografía provista por el
Museo de las Tres Gargantas de China de Chongqing)

宴乐图画像砖（四川博物院藏）
cuadro de banquete en ladrillo de retrato (Coleccionado por el
Museo de Sichuan)

宴乐图画像砖拓片（四川博物院藏）
Calco del cuadro de banquete en ladrillo de retrato
(Coleccionado por el Museo de Sichuan)

渔猎耕作图画像砖拓片（四川博物院藏）
Calco del cuadro de pesca, cacería y siembra en ladrillo de
retrato (Coleccionado por el Museo de Sichuan)

车马出行图画像砖拓片（四川博物院藏）
Calco del cuadro de salida en carroza y caballo en ladrillo de
retrato (Coleccionado por el Museo de Sichuan)

西王母图画像砖拓片（四川博物院藏）
Calco del cuadro de Xi Wang Mu
(personaje mitológico) en ladrillo de
retrato (Coleccionado por el Museo de
Sichuan)

迎客图画像砖

汉代（公元前202～公元220年）
高42、宽48厘米
四川省博物馆捐赠
陕西历史博物馆藏

**Ladrillo de retrato con cuadro de
bienvenida**
**Portrait Brick with Pattern of
Welcoming Guests**

Dinastía Han (202 AC-220 DC)
Largo 42, ancho 48 (cm)
Donado por el Museo de Sichuan
Coleccionado por el Museo de Historia de
Shaanxi

镶嵌于墓葬墙壁的装饰，多见于四川、河南、山东等地。中间为门阙，左边人物做鞠躬拱手拜迎状，右边人物双手捧物，做鞠躬回礼状。中国被称为"文明古国，礼仪之邦"。成书于2000多年前的《周礼》等，对礼法、礼仪作了记载和解释。"迎客"是中国古代绘画中常见的题材。这也突显出尊礼、重道之风尚。

Ornamento incrustado en la pared de las tumbas, comúnmente visto en zonas como Sichuan, Henan, Shandong, entre otros. En el centro se ve la torre de entrada, a la izquierda una persona dando reverencia y formando un gesto de saludo y bienvenida con las manos, a la derecha, una persona sosteniendo algo en las manos y respondiendo la reverencia. China es llamada usualmente "el país con civilización ancestral y tradición ritual". Libros como *Zhouli*, escritos hace más de 2000 años, registran y explican sobre disciplinas rituales y etiquetas. "Dar la bienvenida" es una temática común en las pinturas antiguas de China, en esto se puede apreciar la costumbre de respeto y apreciación por el Tao.

鎏金铜犀牛
汉代（公元前202～公元220年）
高4.2、长6.7厘米
1964年陕西省西安市汉长安城东贾村出土
陕西历史博物馆藏

Figura de rinoceronte de bronce dorado
Gold-gilt Bronze Rhinoceros
Dinastía Han (202 AC-220 DC)
Largo 6.7, alto 4.2 (cm)
Desenterrado en el 1964 de la aldea Dongjia, Ciudad Chang'an Han,
Xi'an, Shaanxi
Coleccionado por el Museo de Historia de Shaanxi

圆雕。通体鎏金。形象写实，身躯上装饰有回旋的云纹。

Talla tridimensional. Dorado completo. Posee un aspecto vívido con el Patrón de Nube decorando su cuerpo.

鎏金走虎嵌海螺铜镇
汉代（公元前202～公元220年）
高8.5、底径8.7厘米
旧藏
陕西历史博物馆藏

Pisapapeles de caracol incrustado en figuras de tigres caminantes de bronce dorado
Gold-gilt Copper Paperweight with Pattern of Walking Tiger and Inlaid Conch
Dinastía Han (202 AC-220 DC)
Alto 8.5, diámetro de base 8.7 (cm)
Colección antigua
Coleccionado por el Museo de Historia de Shaanxi

镇 是压纸或压席的实用物。圆台形底座内镶嵌一只海螺，螺尖朝上，呈博山形，上端装饰一个铜博山形顶尖。海螺外周套接三只前后相接、昂首奔跑的鎏金铜虎，造型奇特，极富艺术想象力。

Los pisapapeles son objetos usados para afirmar papeles. Esta pieza tiene una base circular donde está incrustado un caracol de mar, su pico, decorado con bronce, apunta hacia arriba lo que forma el aspecto de una montaña, a su alrededor se encuentran 3 figuras de tigres corriendo con la cabeza levantada de bronce dorado que se conecta uno con el otro. Se destaca por su diseño exclusivo presentando una rica imaginación artística.

东汉曹全碑拓片

现代
高170、宽86厘米
馆藏
陕西历史博物馆藏

Calco de la Lápida Cao Quan de Dinastía Han
Rubbing of Cao Quan Stele, Eastern Han Dynasty
Época actual
Alto 170, ancho 86 (cm)
Colección del museo
Coleccionado por el
Museo de Historia de Shaanxi

原碑刻于公元185年10月。碑高约1.7、宽约0.86米，碑身两面均刻有隶书铭文，共849字。内容为王敞记述曹全家世及生平。曹全碑是汉代隶书的代表作品，以秀逸多姿和结体匀整著称，具有重要的历史和艺术价值，为历代书家所推崇。

La lápida original fue grabada en octubre del 185 DC, tiene una altura de 1.7 m y un ancho de 0.86 m. Se encuentran inscripciones en Escritura Li por ambas caras con 849 caracteres, se trata del linaje y biografía de Cao Quan, escrito por Wang Chang. La Lápida Cao Quan es la obra representativa de la Escritura Li de la Dinastía Han, esta escritura se distingue por su elegancia y pulcritud, al mismo tiempo, tiene un gran valor histórico y artístico por lo que fue apreciada por los calígrafos a lo largo de la historia.

君諱全字景完敦煌效穀人世

氏窅秦漢之際曹幹夾輔王室

敦煌枝為葉布所佐雄君高

夏陽早蜀郡西部都尉祖又鳳

丞奎世是以位不副德君童

上之敬禮無遺關是以鄉人為

職上計掾史仍碑涼州常為治

二來舉李薫除邸中拜西域枚

城墅戰謀若涌泉處年諸賈和

D 隋唐盛世

DINASTÍA SUI Y DINASTÍA TANG, ERA DE PROSPERIDAD
FLOURISHING AGE OF THE SUI AND TANG DYNASTIES

隋唐国力强盛，经济昌盛，文化繁荣，以极大的开放性和包容性与世界广泛交往。遣使与海、陆两道丝绸之路沿途国家进行交通，往来于丝绸之路的不仅仅是商人和士兵，传法的僧人、寻求理想信仰的哲人学者也加入进来。由于唐朝对海外的巨大影响，唐朝以后海外国家如日本、欧美国家、东南亚国家等，不仅以"唐"作为"中国"之地的代称，而且称中国人为"唐人"。

大规模的贸易活动和文化交流，极大地丰富了唐代物质和精神生活，唐都长安（今西安）是当时规模最大、最繁华的都市，许多来自其他地方的胡人也把这里当作自己的家园。

La Dinastía Sui y Dinastía Tang gozaban de gran fortaleza nacional, economía desarrollada y cultura floreciente, lo cual permitió una interacción amplia con el mundo con una postura abierta e inclusiva. Los diplomáticos se conectaban con diversos países a lo largo de las Rutas de Seda Terrestre y Marítima. Los que viajaban por las Rutas de Seda no fueron sólo comerciantes o soldados, sino también monjes quien divulgaba el budismo y filósofos en busca de la creencia perfecta. Debido a la fuerte influencia de la Dinastía Tang en el extranjero, Japón, países europeos y países del sureste de Asia siguieron llamando posteriormente a China como Tang y también a los chinos como personas *tang*.

Las actividades comerciales e intercambios culturales masivos enriquecieron considerablemente la vida material y espiritual de la Dinastía Tang, su capital Changan (actualmente Xi'an) era la ciudad con mayor magnitud y prosperidad, muchas personas exteriores de otras etnias la consideraban como su hogar.

T唐代墓葬与唐三彩
TUMBAS Y CERÁMICAS SANCAI DE LA DINASTÍA TANG
TOMBS AND THREE-COLOR GLAZED POTTERY OF THE TANG DYNASTY

　　唐代民富国强，盛行厚葬。随葬品奢华妍丽，规模浩大，陶俑陪葬习俗十分普遍。汉俑质朴传神、浑然一体，唐俑富丽多彩、形神兼备，都达到了较高水平。与汉代不同，唐代陶俑大多数有彩绘或彩釉。彩釉的颜色有黄、绿、白、褐、蓝、黑等，而以黄、绿、白三色为主，被称为"唐三彩"。唐代的陶俑题材内容包罗万象，包括各种现实人物、禽兽、天王力士及神怪之类。如陶制的人像中有武士、文官、妇女、小孩、乐舞、仆役、胡人等多种形象。动物中有十二生肖、马、鸡、鸭、牛等。这些陶俑以各种生动的形象，概括了当时社会世俗生活的各个方面。

La Dinastía Tang gozaba de gran riqueza y fortaleza nacional por lo que era común realizar funerales elaborados, los objetos de acompañamiento para el entierro solían ser lujosos y existía la costumbre de acompañamientos de gran magnitud y figuras cerámicas acompañantes. Las figuras Han eran sencillas y vívidas formando un unísono armónico, las figuras Tang eran espléndidas y llenas de vida alcanzando ambos un alto nivel artístico. A diferencia de la Dinastía *Han*, gran parte de las figuras cerámicas de la Dinastía Tang llevaban pintura o vidriado de color, el vidriado era usualmente amarillo, verde, blanco, marrón, azul, negro, etc., entre ellos, el amarillo, verde y blanco ocupaban un rol principal que formó la cerámica Sancai (que significa 3 colores) Tang mencionada anteriormente. Las figuras cerámicas Tang tenían un amplio rango de temática y contenido, éstos incluyen personajes reales, animales, inmortales del budismo, monstruos y criaturas mitológicas. Entre los personajes se encuentran diversas imágenes como guerrero, funcionario civil, mujer, niño, bailarín, sirviente y etnias, entre los animales se encuentran los 12 zodiacos chinos, caballo, camello, gallo, pato, buey y otros. En estas figuras cerámicas se logra apreciar todos los ámbitos de la vida mundana social de la época.

乾陵古建筑复原图（《乾陵文化研究（一）》）
Imagen reproducida de la arquitectura antigua de Qianling, Dinastía Tang (seleccionada de *Estudios sobre la cultura Qianling I*)

乾陵神道石刻
Escultura de piedra en la Ruta Shendao de Qianling, Dinastía Tang

陕西省西安市唐代韩休墓陶俑出土情况
Situación del desentierro de las figuras cerámicas de la tumba Hanxiu, Dinastía Tang, ubicada en Xi'an, Shaanxi

三彩陶骆驼俑及牵骆驼俑

唐代（618～907年）
骆驼高77、长60 厘米，俑高44厘米
1970年陕西省咸阳市契苾明墓出土
陕西历史博物馆藏

Figura de acompañamiento de entierro con forma de camello y persona de cerámica Sancai Three-color Glazed Pottery Figurine of Camel Rider

Dinastía Tang (618 DC-907 DC)
Camello: alto 77, largo 60 Persona: alto 44 (cm)
Desenterrado en el 1970 de la tumba Xiebiming, Xianyang, Shaanxi
Coleccionado por el Museo de Historia de Shaanxi

随葬陶俑。墓主人契苾明为初唐名将契苾何力之子。契苾氏为西域铁勒部的上层人物，632年归唐。契苾父子分别受到唐太宗与武则天的重用，官位显赫。契苾明死于武则天天册二年（696年），墓内陪葬有数量众多的大型三彩俑。骆驼棕褐色，双峰，昂首伸颈似在嘶鸣。唐人张籍的诗句"无数铃声遥过碛，应驮白练到安西"，描绘的正是丝绸之路上驼队往来的情景。牵驼俑锦巾束发，身着绿色翻领窄袖上衣，一幅风尘仆仆的样子，生动地表现出"丝绸之路"上商旅长途跋涉的艰辛。

Figuras cerámicas de acompañamiento de entierro. El dueño de esta tumba fue aristócrata de una minoría étnica del oeste de China, fue asignado una posición política importante por el emperador y falleció el año 696 DC, en su tumba se encontraron grandes y abundantes figuras de cerámica Sancai como acompañamiento de entierro. El camello es de color marrón y gris, con la cabeza levantada estirando el cuello como si estuviera chillando. La frase del poeta de la Dinastía Tang, Zhang Ji, "Campanas sonoras incontables cruzan el desierto, deben ser los camellos cargando seda blanca dirigiendo a Anxi."describe la escena de caravanas de camello recorriendo la Ruta de Seda.La figura humana, con el pelo tomado por un pañuelo y una camiseta verde de mango estrecho y cuello doblado, muestra la imagen de un viajero cansado interpretando vívidamente lo duro que era el largo viaje comercial por la Ruta de Seda.

天涯若比邻
DOS CULTURAS UNIDAS
POR EL MISMO OCÉANO

三彩陶风帽俑

唐代（618～907年）
高27.5厘米
1963年陕西省西安市东郊出土
陕西历史博物馆藏

**Figura acompañamiento de entierro
con forma de persona con capucha de
cerámica Sancai
Three-color Glazed Pottery Figurine
with Hood**

Dinastía Tang (618 DC-907 DC)
Alto 27.5 (cm)
Desenterrado en el 1963 del suburbio oriente de Xi'an,
Shaanxi
Coleccionado por el Museo de Historia de Shaanxi

随葬陶俑。俑面含微笑，神情谦恭。头戴
风帽，身披翻领胡服。风帽源自于北方
游牧民族，流行于唐代，是一种挡风御寒的暖
帽，通常以厚实的织物为之，其中纳絮棉、
毛，或用皮毛制成。

Figura cerámica de acompañamiento de entierro. En
su rostro lleva una sonrisa y gesto cortés, en su cabeza,
una capucha y en su cuerpo una prenda étnica de cuello
doblado. La capucha se origina de la minoría nómada del
norte de China, un gorro abrigador que se popularizó en
la Dinastía Tang, normalmente está hecho con tela gruesa
y lleva algodón, pluma o pelaje en su interior.

三彩陶女立俑

唐代（618～907年）
高42厘米
1991年陕西省西安市郊区出土
陕西历史博物馆藏

Figura acompañamiento de entierro con forma de mujer de cerámica Sancai
Three-color Glazed Pottery Figurine of Standing Lady

Dinastía Tang (618 DC-907 DC)
Alto 42 (cm)
Desenterrado el 1991 del suburbio de Xi'an, Shaanxi Coleccionado por el Museo de Historia de Shaanxi

随葬陶俑。此俑面部娴静，颔首微笑，站姿优雅，落地长裙的质感自然流畅，身体曲线优美，形神兼备。充分体现出唐代女性的含蓄、婉约、柔美、矜持、风雅和高贵，颇具东方女性古典美之神韵。多数时期人们以女性苗条、纤细为美，而唐代喜欢丰满、圆润的体态，崇尚充满生命力的健康美，丰腴雍容中的雅致是盛唐女性所独有的。唐墓中出土的唐代女俑体态大多较胖，但并不臃肿，而是风情万种、娇媚动人。

Figura cerámica de acompañamiento de entierro. Esta figura lleva un gesto y sonrisa serena y una postura elegante, el vestido largo muestra una textura natural y lisa y se destacan las finas curvas de su cuerpo, una mezcla perfecta entre lo físico y espiritual. Se puede apreciar plenamente en ella la sutileza, amabilidad, delicadeza, discreción y elegancia de las mujeres de la Dinastía Tang, resaltando la belleza femenina clásica oriental. En muchas épocas se consideran bellas a las mujeres esbeltas y finas, sin embargo, en la Dinastía Tang se apreciaban las mujeres curvilíneas y admiraban esta belleza llena de vitalidad, esta opulencia elegante es algo único de las mujeres de esta era próspera. Las figuras de acompañamiento desenterradas de tumbas Tang tienen usualmente una contextura gruesa, en lugar de gordura muestran una sensualidad y encanto.

彩绘陶拱手女立俑

唐代（618～907年）
高47厘米
1955年陕西省西安市韩森寨出土
陕西历史博物馆藏

Figura acompañamiento de entierro con forma de mujer haciendo gesto de saludo de cerámica con diseño pintado
Painted Figurine of Standing Lady Cupping One Hand in the Other before Chest

Dinastía Tang (618 DC-907 DC)
Alto 47 (cm)
Desenterrado en el 1955 de la aldea Hansen, Xi'an, Shaanxi
Coleccionado por el Museo de Historia de Shaanxi

随葬陶俑。女俑面庞丰满圆润，头梳双丫髻，身着圆领长衫和曳地长裙，双手笼于袖内屈臂于胸前。双丫髻是唐代女俑常见的发式之一，一般多用于侍婢、丫环。据传此发式在商朝就已经存在，到唐代从式样上更为讲究，有的还在发髻上饰有珠翠等饰物。

Figura cerámica de acompañamiento de entierro. Tiene un rostro redondo, lleva un peinado alto de dos moños, una túnica larga de cuello redondo y un vestido largo, sus manos son guardadas dentro de las mangas frente el pecho. El peinado alto de dos moños es uno de los peinados populares de las figuras de tal periodo, normalmente lo llevan las sirvientas y se dice que existió desde al Dinastía Shang, llegando a la Dinastía Tang los peinados se volvieron más sofisticados e incluso algunos eran adornados con perla y jade.

彩绘陶高髻女立俑

唐代（618～907年）

高60厘米

1955年陕西省西安市韩森寨出土

陕西历史博物馆藏

Figura acompañamiento de entierro con forma de mujer con peinado alto de cerámica pintada

Painted Figurine of Standing Lady with High Bun on Head

Dinastía Tang (618 DC-907 DC)

Alto 60 (cm)

Desenterrado en el 1955 de la aldea Hansen, Xi'an, Shaanxi

Coleccionado por el Museo de Historia de Shaanxi

随葬陶俑。此俑面颊丰满，神情宁静。发髻浓密厚实，顶部高髻前倾。身着圆领衫和曳地长裙。高髻唐初开始流行，在唐人眼里，峨峨高髻寓有崇敬高贵之意，并能给人以华丽美感。

Figura cerámica de acompañamiento de entierro. Esta figura tiene un rostro redondo y gesto sereno, su moño es frondoso inclinándose hacia adelante, lleva una túnica de cuello redondo y un largo vestido. Los moños altos fueron la moda al principio de la Dinastía Tang, para las personas de esan época, estos moños representaban la elegancia otorgando una apariencia lúcida.

三彩陶三足罐

唐代（618～907年）
高23.5、口径15.5厘米
1956年陕西省西安市小土门出土
陕西历史博物馆藏

Jarro trípode de cerámica Sancai
Three-color Glazed Pottery Three-
legged Jar

Dinastía Tang (618 DC-907 DC)
Alto 23.5, diámetro boca 15.5 (cm)
Desenterrado el 1956 de Xiaotumen, Xi'an, Shaanxi
Coleccionado por el Museo de Historia de Shaanxi

随葬陶器。此罐的釉彩几臻完美，各色交织却毫无零乱之感，釉色浓艳又不刺眼，再加上充分利用呈色金属在火焰的助力下，能在釉层里熔融、流动、漫润、千变万化的特性，用点描、浅描的手法使釉彩如织锦般绚丽，又恰如开屏的孔雀。

Objeto cerámico de acompañamiento de entierro. El vidriado de este jarro es delicado y perfecto, los colores se entretejen en orden sin mezclarse, el color del vidriado es espléndido pero no en exceso, la pintura a graneo y lineado somero lo vuelve resplandeciente como el brocado asimilándose a un pavo real con cola desplegada.

黑釉花斑纹瓷执壶
唐代（618～907年）
高18.5、口径9.5、底径8厘米
征集
陕西历史博物馆藏

**Jarra Zhi de porcelana vidriada
negra decorada con flores
Black-glazed Porcelain Ewer with
Pattern of Flower-shaped Spots**
Dinastía Tang (618 DC-907 DC)
Alto 18.5, diámetro boca 9.5, diámetro base 8
(cm)
Recolectado
Coleccionado por el
Museo de Historia de Shaanxi

可作酒器，也可作茶具。黑釉，器表有蓝白色花斑，河南鲁山窑产品。唐中期以后盛行的执壶，造型受到西方金属器造型的影响，体现了中西文化交流的结果。黑釉瓷与青瓷、白瓷在成分上的区别主要在于釉料含铁量的有无或多寡，以及氧化还原烧成上的差别。

Esta pieza puede ser utilizada como contenedor de licor o té. Lleva un vidriado negro y está cubierta por una decoración de flores de color azul y blanco. Producto del Horno Lushan de Henan. Este tipo de jarra fue popular después de la mitad de la Dinastía Tang, se puede notar en su aspecto la influencia de los objetos metálicos del occidente, fruto de la interacción entre la cultura china y occidental.La principal diferencia en el material entre la porcelana de vidriado negro, porcelana gris y porcelana blanca es la presencia o cantidad de hierro que contiene el esmalte junto con la reducción de oxidación en el proceso de cocción.

白瓷执壶

唐代（618～907年）
高20、口径8.5、底径12.7厘米
1955年陕西省西安市东郊韩森寨出土
陕西历史博物馆藏

Jarra Zhi de porcelana blanca
White Porcelain Ewer

Dinastía Tang (618 DC-907 DC)
Alto 20, diámetro boca 8.5, diámetro base 12.7 (cm)
Desenterrado en el 1955 de la aldea Hansen, Xi'an, Shaanxi
Coleccionado por el Museo de Historia de Shaanxi

可作酒器，也可作茶具。釉色白润，胎质细腻。唐中期以后盛行的执壶，造型受到西方金属器造型的影响，体现了中西文化交流的结果。中国唐代瓷器"南青北白"，白瓷窑口多集中于北方，主要有河北的邢窑、定窑等。精细的白瓷，胎质坚实细腻，胎色洁白如雪，釉质莹润。

Esta pieza puede ser utilizada como contenedor de licor o té. Posee un vidriado blanco y sutil y una materia prima fina. Este tipo de jarra fue popular después de la mitad de la Dinastía Tang, se puede notar en su aspecto la influencia de los objetos metálicos del occidente, fruto de la interacción entre la cultura china y occidental.Existía el fenómeno "gris en el sur, blanco en el norte" en la porcelana china de esta dinastía, los hornos de porcelana blanca se concentraban más en el norte, los principales fueron los Hornos Xing, Ding y otros. La porcelana blanca se destaca por su materia prima de textura firme pero fina, el color blanco puro y el vidriado cristalino.

白瓷皮囊壶

唐代（618～907年）

高9厘米

1955年陕西省西安市东郊韩森寨出土

陕西历史博物馆藏

Jarra de porcelana blanca con forma de bolso de cuero

White Porcelain Pot in the Shape of Leather Bag

Dinastía Tang (618 DC-907 DC)

Alto 9 (cm)

Desenterrado en el 1955 de la aldea Hansen, Xi'an, Shaanxi

Coleccionado por el Museo de Historia de Shaanxi

盛放液体的器物。皮囊壶原是北方游牧民族使用的饮水器具，由柔软的皮子制成，后来中原制瓷匠师别出心裁，以其为原型用瓷土烧制出来，只是造型趋于简化。瓷皮囊壶最早见于唐代，盛行于辽金，后世渐少。

Recipiente de líquido. Los bolsos de cuero son originalmente recipientes utilizados por la minoría étnica del norte de China para tomar agua y son hechos con cuero blando. Posteriormente los artesanos de porcelana crearon jarras a base de su aspecto original integrando algunas simplificaciones. Las jarras de porcelana con forma de bolso de cuero fueron creadas en la Dinastía Tang, popularizadas en la Dinastía Liao y Jin, y escasas en las épocas posteriores.

青玉骑象男子
唐代（618～907年）
高5.3、长7.3宽厘米
旧藏
故宫博物院藏

Figura de hombre montando elefante de jade gris
Green Jade Man Riding Elephant
Dinastía Tang (618 DC-907 DC)
Largo 7.3 ancho, alto 5.3 (cm)
Colección antigua
Coleccionado por el Museo del palacio

圆雕一男子侧身坐于象背之上。男子左腿搭于右腿之上，左手放于脑后，右手置于腿上，长袖下垂，作舞蹈之姿。描绘的是男性舞人在驯象背上挥袖表演的场景。唐人对来自域外之物充满好奇，舞马、驯狮作为装饰题材，在唐代金器、玉器上比较多见，唯驯象少见。

Talla tridimensional de un hombre montando elefante. Se ve en una postura de danza con su pierna izquierda sobre la derecha, su mano izquierda detrás de la cabeza y la derecha sobre las piernas con la manga caída. Interpreta la escena de un bailarín brindando un espectáculo sobre un elefante domesticado. Las personas de la Dinastía Tang muestran gran curiosidad a los personajes del extranjero. En los objetos de oro y jade de la época abundan las temáticas como danza de caballo, domesticación de leones, sin embargo, la domesticación de elefante es algo raramente visto.

赤金走龙

唐代（618～907年）

高2.5、长4厘米

1970年10月陕西省西安市南郊何家村窖藏
出土

陕西历史博物馆藏

Dragón caminante de oro rojo
Pure-gold Walking Dragon

Dinastía Tang (618 DC-907 DC)

Alto 2.5, largo 4 (cm)

Desenterrado en el 1970 del sótano de la aldea
Hejia, suburbio sur de Xi'an, Shaanxi

Coleccionado por el Museo de Historia de
Shaanxi

金龙四足站立，形体虽小，但形神俱备，体现出唐代工匠的技艺纯熟，是唐代金银器中的罕见物品。中华文化中，龙的起源，推测与原始社会时期部落联盟有关，可能是不同部落的动物图腾崇拜集合而成——头似牛、角似鹿、颈似蛇、鳞似鲤、腿似鳄、爪似鹰等。中国龙被赋予团结凝聚、开拓进取、奋发向上、自强创新的精神，又有着司水、理水的天职，是天人和谐、宽厚包容以及诚信勇敢等民族精神的综合体现。

El dragón se apoya en sus 4 patas y a pesar de su tamaño pequeño tiene un aspecto vívido y delicado lo cual refleja la habilidad versada de los artesanos de la época. Ésta es una pieza excepcional entre los objetos de oro y plata de la Dinastía Tang. En la cultura china, se estima que el origen del dragón se relaciona con las alianzas y tribus de la era prehistórica, es probable que es una fusión entre diferentes tótemes de diferentes tribus: cabeza de buey, cuernos de ciervo, cuello de serpiente, escapa de carpa, piernas de cocodrilo, garras de águila, etc. El dragón chino simboliza el espíritu cohesivo, emprendedor, progresivo e innovador, también es el administrador del agua. Es la manifestación integral del espíritu nacional: unísono entre el humano y el universo, indulgencia, honestidad, valentía, etc.

鎏金铁芯铜龙
唐代（618～907年）
通高37厘米
1975年陕西省西安市草场坡出土
陕西历史博物馆藏

**Figura de dragón de bronce dorado
con centro de hierro**
**Gold-gilt Bronze Dragon with Iron
Core**
Dinastía Tang (618 DC-907 DC)
Alto general 37 (cm)
Desenterrado en el 1975 de Caochangpo, Xi'an,
Shaanxi
Coleccionado por el Museo de Historia de
Shaanxi

龙 通体鎏金，两只有力的前足紧扣地面。形体流畅，极富动感。这条鎏金青铜龙可以说是唐代龙形象的代表之作，它充分表现出了唐代龙凌厉遒劲、潜腾奔驰、神采飞扬的风格特征，堪称此类造型中的精品。

Esta pieza está dorada completamente, el dragón se afirma en el suelo con sus garras delanteras y posee un aspecto fluido llena de vida. Esta figura de dragón de bronce dorado es la representación de la imagen de esta criatura de la Dinastía Tang, interpreta las características como veloz, marcial, ágil y vital, es considerada una pieza sobresaliente del tipo.

天涯若比邻
DOS CULTURAS UNIDAS
POR EL MISMO OCÉANO

鸳鸯莲瓣纹金碗

唐代（618~907年）
高5.3、口径13厘米
1970年10月陕西省西安市南郊何家村窖藏出土
陕西历史博物馆藏

Pocillo de oro con diseño de pétalos de loto y pato mandarín
Gold Bowl with Pattern of Mandarin Duck and Lotus Petal

Dinastía Tang (618 DC-907 DC)
Alto 5.3, diámetro boca 13 (cm)
Desenterrado en el 1970 de la aldea Hejia, Xi'an, Shaanxi
Coleccionado por el Museo de Historia de Shaanxi

碗 壁捶打出上下两层向外凸鼓的莲花瓣纹，组合严密，构思巧妙。外壁的莲瓣单元内装饰动物纹，有鸳鸯、野鸭、鹦鹉、狐狸等。碗底圈足内装饰一只飞翔的鸳鸯。无论从造型还是纹饰布局和制作工艺上来讲，都堪称是唐代金银器制作最高水平的代表。内壁有唐代墨书标明重量。

En la pared del pocillo se ve un patrón convexo repujado de pétalos de loto, su diseño es preciso e ingenioso. Dentro de cada pétalo se ve otro patrón de animales como pato mandarín, pato silvestre, loro, zorro, etc., mientras que la superficie de su base es adornada con un pato mandarín volando. Desde su diseño y patrón, hasta la técnica usada, se considera esta pieza la mejor obra de la manufacturación de oro y plata de la Dinastía Tang. En la pared interior se encuentra el peso en escritura Moshu.

鎏金铜铺首
唐代（618～907年）
直径25.8、环径20.7厘米
1988年陕西省西安市唐大明宫遗址出土
陕西历史博物馆藏

Pushou de bronce dorado - Argolla decorativa de puerta
Gold-gilt Bronze *pushou* (Animal Head Appliqué)
Dinastía Tang (618 DC-907 DC)
Diámetro de base 25.8, diámetro de aro 20.7 (cm)
Desenterrado en el 1988 de las ruinas del Palacio Da Ming Gong de Dinastía Tang, Xi'an, Shaanxi
Coleccionado por el Museo de Historia de Shaanxi

该铺首出土于唐代皇宫大明宫遗址，铺首是大门上使用的装饰品。器物中心部位一凸起的龙首，怒目、阔鼻、鬃毛飞舞、大口衔环，周边饰联珠纹，大气豪华，有一种威慑的力量。

Esta pieza fue desenterrada de las Ruinas del Palacio Daming, es un ornamento para adornar las puertas. En el centro se ve el rostro de un dragón en relieve con ojos vívidos, nariz ancha, patillas salientes, boca amplia sosteniendo el aro y es rodeado por un patrón de perlas, presenta un aire majestuoso, aterrador y solemne.

鎏金刻花菱纹银锁
唐代（618～907年）
通长11.1、最宽处1厘米
1970年陕西省西安市南郊何家村窖藏出土
陕西历史博物馆藏

Candado de plata dorada con diseño grabado de flores
Gold-gilt Engraved Silver Lock
Dinastía Tang (618 DC-907 DC)
Largo general 11.1, ancho max. 1 (cm)
Desenterrado en el 1970 de los sótanos de la aldea Hejia, suburbio sur de Xi'an, Shaanxi
Coleccionado por el Museo de Historia de Shaanxi

锁是用于关闭门户、箱匣的金属工具。该锁由锁管、锁芯和开启锁的钥匙组成。这件鎏金刻花银锁制作精美，纹饰考究，采用弹簧结构，靠簧片的张合来达到锁闭与开启的目的，是中国古锁中的精品。

El candado es una herramienta metálica para cerrar puertas y cofres, este candado es compuesto por un tubo, cerradura y llave. Su manufacturación es delicada y el patrón, sofisticado. Posee una estructura de resorte, se cierra y abre a través de la lengüeta. Es una obra distinguida entre los candados antiguos de China.

天涯共比邻
DOS CULTURAS UNIDAS
POR EL MISMO OCÉANO

花鸟纹菱花铜镜
唐代（618～907年）
直径10.3厘米
1955年陕西省西安市长乐坡西纬十八街出土
陕西历史博物馆藏

Espejo de bronce con diseño de flores y pájaros y borde de flor
Diamond-shaped Bronze Mirror with Pattern of Flower and Bird
Dinastía Tang (618 DC-907 DC)
Diámetro 10.3 (cm)
Desenterrado en el 1955 de la calle W°18, Changlepo, Xi'an, Shaanxi
Coleccionado por el Museo de Historia de Shaanxi

用铜做的镜子。八瓣菱花形，圆形纽，纽外四禽鸟、四折枝花相间环绕。两鹊展翅飞翔，拖着长尾；两雁双脚站立，羽翼未张。制作精良，形态美观，图纹华丽。铜镜最早出现于约4000年前，是不可缺少的生活用具，又是精美的工艺品。

Espejo hecho de bronce. Posee un diseño de 8 pétalos, con un botón circular rodeado por 4 aves y 4 ramas de flores: dos urracas con alas extendidas arrastrando una larga cola y dos ocas de pie con sus alas guardadas. Se destaca por su alta sofisticación, bello aspecto y esplendoroso diseño. Los espejos de bronce aparecieron cerca de 4000 años antes, es a la vez un utensilio de vida cotidiana y una obra refinada de arte.

丝绸残片

唐代（618～907年）

分别长7、宽4厘米，长12、宽9厘米，长16、宽11厘米，长6、宽4厘米

新疆维吾尔自治区博物馆调拨

陕西历史博物馆藏

Fragmento de seda
Fragment of Silk

Dinastía Tang (618 DC-907 DC)

Largo 7, ancho 4; Largo 12, ancho 9; Largo 16, ancho 11; Largo 6, ancho 4 (cm)

Redistribuido por el Museo de la Provincia Autónoma Xinjiang

Coleccionado por el Museo de Historia de Shaanxi

丝绸残片共4块，为新疆吐鲁番地区出土。唐代丝绸的图案在承继中国传统风格的前提下，从中亚、西亚的装饰艺术中汲取了大量的营养，图案远比前代丰富。

Son en total 4 fragmentos de seda los cuales fueron desenterrados de la zona Turfán. Los diseños de seda de la Dinastía Tang incorporaron muchos elementos artísticos de Asia Central y Occidental conservando el estilo tradicional chino, poseen una mayor diversidad en comparación con los diseños anteriores.

一佛二菩萨石造像

唐代（618～907年）

高39、宽34、厚14.5厘米

2009年陕西省西安市大唐西市遗址出土

陕西历史博物馆藏

Estatua de piedra de un Buda con dos Bodhisattva

Stone Statues of Buddha and Two Bodhisattvas

Dinastía Tang (618 DC-907 DC)

Alto 39, ancho 34, grosor 14.5 (cm)

Desenterrado en el 2009 del Sitio de la Ciudad Occidental de Datang, Xi'an, Shaanxi

Coleccionado por el Museo de Historia de Shaanxi

由阿弥陀佛与观世音、大势至菩萨组成的西方三圣造像。佛像面部庄严典雅，衣纹线条流畅，雕刻精美。

Estatua de los 3 sabios del occidente formada por Amitabha, Avalokiteshvara y Mahasthamaprapta. Los rostros muestran elegancia y solemnidad y las líneas de sus vestimentas fluyen con naturalidad, posee una talla refinada.

鎏金铜佛坐像
唐代（618～907年）
通高15.1厘米
征集
陕西历史博物馆藏

Figura de Buda sentada de bronce dorado
Gold-gilt Bronze Buddha
Dinastía Tang (618 DC-907 DC)
Alto general 15.1 (cm)
Recolectado
Coleccionado por el Museo de Historia de Shaanxi

佛陀面相饱满，身体比例匀称。着袒右肩袈裟，坐于束腰形莲花座上，身后镂空背光，背光顶部饰一坐佛，莲花座下设八角形台座，具有典型的盛唐时期造像的特点。

Posee un rostro redondo y cuerpo bien proporcionado, lleva un kasaya con su hombro derecho descubierto y está sentado sobre una flor de loto de cintura estrecha, detrás de él se ve un halo calado sobre el cual se ve otro Buda sentado y debajo del loto es una base octagonal. Esta pieza posee las características típicas de la Dinastía Tang.

鎏金铜观音立像

唐代（618～907年）
通高18、座宽7.1厘米
1960年陕西省西安市南郊吉祥村出土
陕西历史博物馆藏

Figura de Bodhisattva de pie de bronce dorado
Gold-gilt Bronze Avalokitesvara

Dinastía Tang (618 DC-907 DC)
Alto general 18, ancho de la base 7.1 (cm)
Desenterrado en el 1960 de la aldea JiXiang, suburbio sur de Xi'an, Shaanxi
Coleccionado por el Museo de Historia de Shaanxi

观音束高髻，整体造型华美富丽，为唐代流行的杨柳观音式样。

El Bodhisattva lleva un moño alto con una apariencia magnífica y majestuosa, su aspecto de Bodhisattva de sauce es el más popular de la Dinastía Tang.

天涯若比邻
DOS CULTURAS UNIDAS
POR EL MISMO OCÉANO

唐代狩猎出行图壁画（复制品）

现代

分别高102、宽116厘米，高150、宽185厘米，高209、宽160厘米，
高174、宽220厘米

唐代章怀太子墓东壁壁画

陕西历史博物馆藏

Mural de salida de cacería de Dinastía Tang (réplica)
Mural of Hunting and Travel, Tang Dynasty (Replica)

Época actual

Alto 102, ancho 116 (cm), Alto 150, ancho 185 (cm), Alto 209, ancho 160
(cm), Alto 174, ancho 220 (cm)

Mural oriente de la tumba del príncipe Zhanghuai, Dinastía Tang

Coleccionado por el Museo de Historia de Shaanxi

由于篇幅巨大，揭取时将其分割成了4块。图中现有人物46个，最前方是两名探路随从，两侧是执旗卫士，最后是两匹辎重骆驼。中间一组人马共有六排，应是狩猎出行的主人——皇室贵族及其随从。马上人物，有的怀抱猎犬，有的臂架鹰、鹞，有的马尻上蹲坐着猎豹或猞猁。密集的人马队伍，通过马匹颜色、人物服色的变化，造成了有节奏的动感，人物之间也通过头向、动作、表情的不同，使彼此之间产生了呼应。此画线条的运用已经非常精细、娴熟，形象地再现了唐代皇室贵族外出狩猎的组合、阵式、配备，印证了初唐、盛唐上流社会狩猎臂鹰抱犬的时尚。

Este mural fue cortado en 4 partes en el momento de extracción por su gran tamaño. Se ven 46 personajes en éste, los primeros son 2 sirvientes que abren camino, a los 2 lados guardias con banderas y al final 2 camellos cargando bienes. Al medio se ven 6 filas de personas y caballos quienes son probablemente los protagonistas de esta salida: familia imperial, aristócratas y sus sirvientes. Algunos personajes sobre caballos llevan un perro en sus brazos, algunos sostienen un águila o escolopácido y otros leopardo o lince detrás. Esta tropa masiva muestra una energía rítmica a través de diversos colores de caballos y vestimenta de los personajes, también se aprecia una interacción entre los personajes por sus direcciones, movimientos y gestos. Esta obra es pintada con gran delicadeza y habilidad interpretando vívidamente la formación y equipamiento de cacería de la familia imperial y aristócratas de la Dinastía Tang, corroborando la popularidad de esta actividad y domesticación de águila y perro entre la sociedad alta durante la primera mitad de dicha dinastía.

唐代客使图壁画（复制品）
现代
高185、宽242厘米
唐代章怀太子墓东壁壁画
陕西历史博物馆藏

Mural de emisario huésped de la Dinastía Tang (réplica)
Mural of Visiting Envoys, Tang Dynasty (Replica)
Época actual
Ancho 185, alto 242 (cm)
Mural oriente de la tumba del príncipe Zhanghuai, Dinastía Tang
Coleccionado por el Museo de Historia de Shaanxi

左侧三人穿唐代重大典礼时使用的朝服（又称具服），头戴笼冠，身着广袖长袍，手持笏板，似在商量有关事宜。按文献记载，应为唐朝的鸿胪寺卿、少卿，相当于负责迎送外宾的外交官。紧挨唐代官员的使者，秃顶、卷发、深目高鼻，有研究观点认为他是来自东罗马的使节；另两位分别来自新罗（今朝鲜东南部）、东北少数民族室韦族或靺鞨族。客使图对人物神韵及心理表现极其生动、准确。三位唐朝官员，雍容儒雅，气宇轩昂。西方使者身体前倾，眉头微蹙。东西方人外向与内敛的性格表现得恰到好处，形成鲜明对比，反映了唐朝人物画达到了新的高度。

A la izquierda se encuentran 3 personas vestidas de *Chaofu* (también llamado *Jufu*), una vestimenta usada para ceremonias solemnes en la Dinastía Tang, en sus cabezas llevan coronas, en el cuerpo túnicas largas con mangas amplias, en las manos la placa ritual y parecen estar discutiendo sobre asuntos. Según los registros, éstos deben ser los diplomáticos que se encargan de recibir y despedir huésped. Al lado de los diplomáticos, se encuentra un emisario calvo, de cabello rizado, ojos grandes y nariz alta, existe el estudio que estima Roma oriental como su procedencia. Los otros dos provienen de Shilla (actualmente sureste de Corea del Norte) y de las minorías étnicas del noreste de China, Shiwei y Mohe.

Este cuadro de emisario huésped muestra vívida y precisamente los gestos y actividad psicológica de los personajes. Los 3 diplomáticos de la Dinastía Tang se ven corteses, elegantes y serenos. El emisario del occidente se ve inclinado hacia adelante y un poco ceñudo, interpreta con exactitud la discreción de los orientales y la extroversión de los occidentales marcando un fuerte contraste lo cual refleja un alto nivel de pintura de personajes de la época.

皇朝盛世 中西交流 （1368～1911年）

U
第三单元
NIDAD III
PART 3

Imperio Floreciente, Diálogo entre China y el Occidente (1368 DC a 1911DC)

Heydays of Peace and Prosperity in the Ming and Qing Dynasties and Historic Exchanges between China and the West (From AD 1368 to AD 1911)

唐代以后，中国的政治文化中心由西安转至北京。由于北方战乱及经济重心转移等原因，海上丝绸之路取代陆路成为中外贸易交流主通道。明代（1368～1644年）农产品呈现粮食生产的专业化、商业化趋势，手工业和商品经济发达、经济繁荣，出现商业城镇和资本主义萌芽，文化艺术呈现世俗化趋势。清代（1644～1911年），是中国最后一个封建王朝，这一时期统一的多民族国家得到巩固，君主专制达到顶峰，中国的版图大致奠定。

Después de la Dinastía Tang, el centro político y cultural de China se trasladó de Xi'an a Beijing. Debido a causas como las guerras del norte, el desplazamiento del centro económico, entre otros, la Ruta de Seda Marítima reemplazó a la terrestre convirtiéndose en el principal canal de comercio entre china y el extranjero. En la Dinastía Ming (1368 DC-1644 DC), los productos agrícolas presentan una tendencia de especialización y comercialización en la producción de abastos mientras que floreció la economía de los productos y artesanías, surgieron ciudades comerciales, el inicio del capitalismo y la secularización de la cultura y arte. La Dinastía Qing (1636 DC-1911 DC) fue el último imperio feudal de China, durante este periodo reforzaron el reinado de este país unificado de diversas etnias, la monarquía autocrática llegó a su cima consolidando el territorio de China.

M 故宫博物院
USEO DEL PALACIO
THE PALACE MUSEUM

　　故宫博物院建立于1925年，是在明朝、清朝两代皇宫及其收藏的基础上建立起来的中国综合性博物馆，也是中国最大的古代文化艺术博物馆。

　　故宫博物院建立在明清两朝皇宫——紫禁城的基础上，明故宫始建于公元1406年。故宫博物院绝无仅有的独特藏品，是世界上规模最大、保存最完整的紫禁城木结构宫殿建筑群。它不仅是中国最重要的文物保护单位，也是世界著名的文化遗产。

　　走过90余个春秋的故宫博物院，不仅一如既往精心保管着明清时代遗留下来的皇家宫殿和旧藏珍宝，而且通过国家调拨、向社会征集和接受私人捐赠等方式，极大地丰富了文物藏品，形成古书画、古器物、宫廷文物、书籍档案等领域蔚成系列、总数超过180万件的珍贵馆藏。漫步在故宫博物院的常设文物专馆，或者欣赏频繁推出的专题文物展览，让您可以更完整地了解中华民族工艺美术的伟大成就。

　　当前，故宫博物院的研究人员正在对古建筑、院藏文物、宫廷历史文化遗存、明清档案、清宫典籍和90年的故宫博物院历程进行着更为深入细致的研究。建立起完整的"故宫学"体系，意在向您揭示紫禁城中蕴涵的博大精深的中华民族智慧和文化精神。

故宫外景
Panorama del exterior de la
Ciudad Prohibida.

乾清宫内景
Panorama del interior del Palacio Qian Qing Gong

El Museo del Palacio fue fundado en el 1925, es un museo integral establecido a base del Palacio Imperial y su antigua colección de las Dinastía Ming y Qing, es además el museo de arte y cultura ancestral más grande de China.

El Museo del Palacio fue establecido sobre el Palacio Imperial de ambas Dinastías Ming y Qing, conocido como la Ciudad Prohibida, su construcción como el palacio de la Dinastía Ming comenzó en el 1406 DC. Este museo posee una colección inigualable y exclusiva: el conjunto arquitectónico de los palacios de estructura de madera de la Ciudad Prohibida, distinguido por ser el conjunto de mayor magnitud y mejor conservado del mundo. No sólo es la entidad china más importante en la protección de reliquias culturales, sino también un patrimonio cultural reconocido mundialmente.

Durante 9 décadas, el museo además de proteger con mucha dedicación al Palacio Imperial y los tesoros legados de la colección imperial de la Dinastía Ming y Dinastía Qing, enriqueció esta colección considerablemente a través de distribución nacional, recolección social y donaciones, entre otros medios, su colección actual excede 1.800.000 piezas en total las cuales han logrado formarse en series con el tiempo. La colección consiste en obras de caligrafía y pintura antigua, implementos ancestrales, reliquias imperiales, libros, documentaciones abarcando además otros ámbitos. Paseando por sus exhibiciones permanentes de reliquias o visitando sus exposiciones temáticas, el Museo del Palacio ofrece la oportunidad para admirar y contemplar los grandiosos logros del arte y la artesanía nacional de China con cercanía e integridad.

En la actualidad, los investigadores del museo están realizando estudios profundos y detallados sobre su arquitectura antigua, reliquias culturales, patrimonio cultural de la historia imperial, documentaciones Ming y Qing, archivos antiguos y la historia de los últimos 90 años del museo mismo, con la intención de crear un estudio sistemático propio y exclusivo sobre Gugong para revelar la gran sabiduría, el espíritu y la cultura profunda de la nación china que yacen en la Ciudad Prohibida.

L 金昭玉粹

LA BELLEZA DEL ORO Y FINEZA DEL JADE

BRILLIANT QUINTESSENCE OF GOLDWARE AND JADEWARE

在古代，帝王具有至高无上的地位，所用之物往往是权力和威望的象征。始建于1406年的紫禁城，是中国明清两代的皇家宫殿。故宫博物院于1925年10月10日在明、清两代皇宫及其收藏的基础上建立，收藏大量宫中旧藏的瓷、珐琅、金银、玉石器等，以宫廷御用珍宝为主，大多由清宫内务府造办处承做，集全国能工巧匠的智慧，选最优材质、造型、工艺精美绝伦，代表了清代科技、工艺和审美的最高水平。

En la antigüedad, la posición del emperador era suprema, los objetos utilizados por él simbolizaban poder y prestigio. La Ciudad Prohibida, cuya construcción comenzó en 1406 DC, fue el palacio imperial de ambas Dinastía Ming y Dinastía Qing. El Museo del Palacio fue establecio el 10 de octubre del 1925 sobre la base del Palacio Imperial y su colección original de las Dinastías Ming y Qing, posee una gran colección de porcelana, cloisonné, objetos de oro, plata, jade, piedras y otros los cuales fueron originalmente la colección antigua del Palacio. Éste cosiste principalmente en tesoros de uso exclusivo por la corte, la producción de muchos de éstos fue ejecutada por la Sección de Manufacturación del Departamento de la Casa Imperial Qing, reunían el ingenio de los mejores artesanos del país y seleccionaban los materiales superiores. Sus diseños y artesanía magníficos y únicos reflejan el máximo nivel de la tecnología, artesanía y gusto la Dinastía Qing.

青玉连枝桃式杯
明代（1368～1644年）
高4.7、长15、小口径7.9厘米
旧藏
故宫博物院藏

Vaso de jade gris con forma de durazno con rama
Green Jade Cup in the Shape of Peach with Linking Branches
Dinastía Ming (1368 DC-1644 DC)
Alto 4.7, largo 15, diámetro boca menor 7.9 (cm)
Colección antigua
Coleccionado por el Museo del Palacio

盛器，也是赏玩佳品。杯腹外满饰桃枝，一侧以镂空手法雕琢桃枝成柄，在造型设计和纹饰图案上别具巧思。桃在中国有着吉祥、长寿的寓意，是常见的艺术题材。

Recipiente, también objeto de colección. Su exterior es decorado con ramas de durazno, el mango a un lado es tallado con calado de una rama de durazno, se aprecia la creatividad en su diseño y patrones. El durazno representa suerte y longevidad, una temática artística común.

玛瑙石榴尊
清代（1644～1911年）
高5.4、口径5.1、底径3.8厘米
旧藏
故宫博物院藏

Zun de ágata con forma de granada - Recipiente de licor
Agate Pomegranate-shaped *zun* (A Kind of Wine Vessel in Ancient Times)
Dinastía Qing (1644 DC-1911 DC)
Alto 5.4, diámetro boca 5.1, diámetro base 3.8(cm)
Colección antigua
Coleccionado por el Museo del Palacio

盛器，也是赏玩佳品。红白色玛瑙，石榴造型。尊口巧留红色，其下白色玛瑙自然垂落及底，巧雕分色过渡自然。整体给人以莹澈明洁，清新雅致的感觉。

Recipiente, también objeto de colección. Hecho de ágata de color rojo y blanco con diseño de una granada. En su boca se mantuvo el color rojo, inferior a éste el color blanco se extiende fluidamente hasta la base, una talla con una transición natural de colores. Da una impresión cristalina, pura, refrescante y elegante.

白玉衔谷穗双鹌鹑

清代（1644～1911年）
高4.2、长9.7、宽4.3厘米
旧藏
故宫博物院藏

Figura de jade blanco de dos codornices con panoja en el pico
White Jade Twin Quails with Earhead in Mouth

Dinastía Qing (1644 DC-1911 DC)
Alto 4.2, largo 9.7, ancho 4.3(cm)
Colección antigua
Coleccionado por el Museo del Palacio

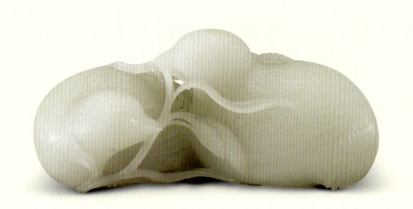

赏玩佳品。一只谷穗被两个卧伏的鹌鹑各衔口中。鹌鹑是宫廷常用的图案和器物造型，谐音寓平安之意。和谷穗搭配，也通常被用来寓意岁岁平安。

Objeto de colección. Se ve una panoja sostenida por dos codornices tumbadas. La codorniz es una figura comúnmente usada en los diseños y objetos de la corte por su pronunciación parecida a la palabra paz. Su combinación con la panoja tiene el significado de "paz en cada año".

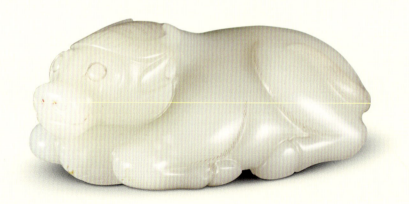

乾隆御题青玉卧牛镇纸

清乾隆（1736～1795年）
高3.7、长9.7、宽5.1厘米
旧藏
故宫博物院藏

Pisapapeles con escritura del Emperador Qianlong de jade gris de forma de buey acurrucado
Green Jade Paperweight in the Shape of Lying Ox with Imperial Inscription of Emperor Qianlong, Qing Dynasty

Qianlong - Dinastía Qing (1736 DC-1795 DC)
Alto 3.7, largo 9.7, ancho 5.1(cm)
Colección antigua
Coleccionado por el Museo del Palacio

书画时压纸之物，也是书房案头的赏玩佳品。玉色泽洁白，略有皮色，尤显古意盎然。圆雕卧牛，形象憨态可掬，整体造型稳重踏实。牛腹下有数十字的行书朱文御题。

Objeto para afirmar el papel para pintura o caligrafía, también un objeto de colección para el cuarto de estudio. El jade blanco luce un toque puro con un poco de color superficial presentando una belleza fantástica. Buey de talla tridimensional con un aspecto tierno y firme. En su vientre se encuentra un grabado de cerca de 10 caracteres escritos por el emperador.

乾隆款青玉雕山水长方卷书式墨床

清乾隆（1736～1795年）
通高1.7、长11.1、宽6.7厘米
旧藏
故宫博物院藏

Portatinta de jade gris con sello de Qianlong, forma de pergamino rectangular y decorado con talla de paisaje
Green Jade Rectangular Scroll-shaped Ink Rest with Pattern of Landscapes with Inscription of Qianlong Period, Qing Dynasty

Qianlong - Dinastía Qing (1736 DC-1795 DC)
Alto general 1.7, ancho 11.1 x 6.7(cm)
Colección antigua
Coleccionado por el Museo del Palacio

临时置墨之物，也是书房案头的赏玩佳品。长方形卷书式。床面浮雕山水图，宛若一幅微型的文人画卷。有"乾隆年制"篆书款，为清宫廷造办处玉作制品。

Objeto para colocar temporalmente la tinta, también un objeto de colección para el cuarto de estudio. Rectangular con la forma de un pergamino. En su superficie se talla en relieve un cuadro de paisaje presentándose como un mini pergamino. Lleva el sello "Hecho en el reinado de Qianlong" de escritura Zhuan, es un producto de la Sección de Manufacturación de la Casa Imperial Qing.

天涯共此邻
DOS CULTURAS UNIDAS
POR EL MISMO OCÉANO

"嘉庆御赏" 款白玉砚

清嘉庆（1796～1820年）
高1.5、口径9.4、底径7厘米
旧藏
故宫博物院藏

Yan de jade blanco con sello"Contemplado por el Emperador Jiaqing" - Recipiente para moler y guardar tinta
White Jade with Inscription of "*jiaqing yushang*", Qing Dynasty

Jiaqing - Dinastía Qing (1796 DC-1820 DC)
Alto 1.5, diámetro boca 9.4 x 7 diámetro base(cm)
Colección antigua
Coleccionado por el Museo del Palacio

盛墨之物，也是书房案头的赏玩佳品。砚细腻温润，古雅秀丽，配碧玉盒。琢 "嘉庆御赏" 字样。是典型的宫廷造办处精品。中国文房四宝 "笔墨纸砚"，砚虽排末位，但却因其坚实可传百代而居领衔地位。清代造办处荟萃全国各地的能工巧匠，专事皇家用具的采买、督造、生产。

Contenedor de tinta, también un objeto de colección para el cuarto de estudio. Este Yan lleva un exterior de jade verde y se destaca por su fineza y elegancia. Se encuentra el grabado de caracteres "Contemplado por el Emperador Jiaqing", una obra típica de la Sección de Manufacturación del Departamento de la Casa Imperial. Los cuatro tesoros del cuarto de estudio son: pincel, tinta, papel y Yan, a pesar de que el Yan es mencionado al final, se distingue por su firmeza la cual permite una herencia duradera liderando entre los otros. La Sección de Manufacturación de la Dinastía Qing reunía a los mejores artesanos del país, quienes se encargaban exclusivamente a la compra, inspección y manufacturación de los utensilios de la familia imperial.

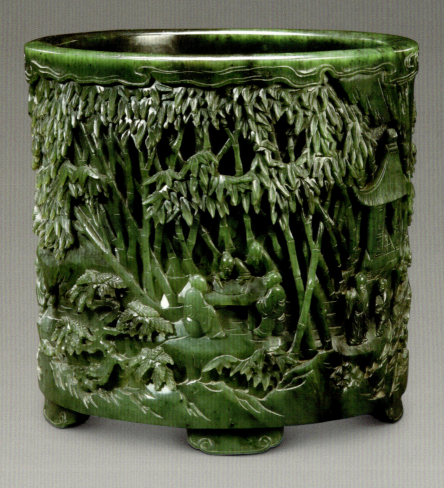

碧玉竹林七贤图笔筒

清代（1644～1911年）
高18、口径19.5、底径6厘米
旧藏
故宫博物院藏

**Vaso de pincel de jade verde con cuadro
de los siete sabios del bosque de bambú
Cyan Jade Brush Pot with Pattern of
"Seven Sages of Bamboo Grove"**

Dinastía Qing (1644 DC-1911 DC)
Alto 18, diámetro boca 19.5, diámetro base 6(cm)
Colección antigua
Coleccionado por el Museo del Palacio

放笔之物，也是书房案头的赏玩佳品。外壁浮雕壑深林密、寿石浮云、细涓溪流、飞亭檐柱、庭院幽深，高士或行或坐。选材精致、制作谨严、构图繁密，观之如临其境，心旷神怡。"竹林七贤"是3世纪的名士，他们聚会赋诗，谈玄论道，结成了一个类似文化沙龙性质的文人圈子，对中国的思想文化有巨大影响。

Recipiente de pinceles, también un objeto de colección para el cuarto de estudio. El entretallado de su exterior presenta el cuadro de un bosque de bambú frondoso, se ven piedras, nubes, ríos fluyendo, también un pabellón y un patio, los sabios algunos caminan mientras que otros están sentado. Está hecho de material fino, con una manufacturación de alta precisión y un diseño denso, entrega una sensación real y gratificante al espectador."Los siete sabios del bosque de bambú"fueron letrados del siglo III, se reunía para escribir poema, discutir sobre filosofía y Tao formando un círculo de letrados similar a un salón cultural, éste dejó una influencia significativa a la mentalidad y cultura de China.

青玉五子笔架

清代（1644～1911年）
高4.6、长12.5厘米
旧藏
故宫博物院藏

Portapincel de jade gris con diseño de cinco niños
Green Jade Brush Holder in the Shape of Five Men
Dinastía Qing (1644 DC-1911 DC)
Alto 4.6, largo 12.5 (cm)
Colección antigua
Coleccionado por el Museo del Palacio

放置毛笔之物，也是书房案头的赏玩佳品。以圆雕结合镂雕技法塑造姿态各异的5个童子，每人手中各持不同的花果枝叶。造型活泼，高低错落中洋溢着喜庆气氛。五子形象在文房用具中寓"五子登科"之意。

Soporte de pincel, también un objeto de colección para el cuarto de estudio. Forma las figuras de 5 niños diferentes con diferentes ramas y frutos en sus manos a través de talla tridimensional y tracería. Tienen un aspecto vívido, y entre los desniveles reina una atmósfera de alegría. La figura de cinco niños en utensilios del cuarto de estudio simboliza "cinco niños aprobados en el examen imperial chino".

青玉镂雕五子登科洗

清代（1644～1911年）
高6、口径7.5、底径3.6厘米
旧藏
故宫博物院藏

Xi de jade gris con diseño de "cinco niños aprobados en el examen imperial chino" calado - Recipiente para limpiar pincel
Green Jade Hollow-engraved Brush Washing Tray with Pattern of "Five Sons Passing the Imperial Examination"

Dinastía Qing (1644 DC-1911 DC)
Alto 6, diámetro boca 7.5, diámetro base 3.6 (cm)
Colección antigua
Coleccionado por el Museo del Palacio

盛水清洗笔毫之物，也是书房案头的赏玩佳品。四周雕五个童子围绕，小而精致，作为书案陈设颇为清雅。明、清宫廷御用笔洗材质精良，以玉、玛瑙、珐琅、瓷等材质较为多见。"五子登科"源于民间故事，是中国传统的吉祥图案，寄托了获取功名、拥有锦绣前程的理想。

Recipiente de agua utilizado para la limpieza de pinceles, también un objeto de colección para el cuarto de estudio. A su alrededor se ven tallados cinco pequeños niños refinados, como decoración posee una elegancia excepcional. Los Xi de la Dinastía Ming y Dinastía Qing son normalmente hechos con materiales finos como jade, ágata, cloisonné, porcelana, etc.El"cinco niños aprobados en el examen imperial chino"es un cuento originado del pueblo y un cuadro auspicioso en la cultura tradicional china, en éste se refleja la aspiración por el éxito y buena carrera.

子刚款白玉秋叶草虫纹笔掭

清代（1644～1911年）
长8.1、宽8厘米
旧藏
故宫博物院藏

Tian de jade blanco con sello de Zigang y diseño de planta e insecto - Utensilio para quitar el exceso de tinta del pincel
White Jade Brush Dipper with Pattern of Autumn Leaves, Grass and Insects
Dinastía Qing (1644 DC-1911 DC)
Largo 8.1, ancho 8 (cm)
Colección antigua
Coleccionado por el Museo del Palacio

掭试毛笔之物，也是书房案头的赏玩佳品。此物取秋叶的自然形态，叶脉上饰两蜜蜂，趣味横生。陆子刚是16、17世纪活跃于苏州的著名玉雕大师，也是中国玉雕史上最负盛名的艺术大师。传世的"子刚"款玉器数量很多，多为后世仿冒，此为清仿。

Utensilio para quitar el exceso de tinta del pincel, también un objeto de colección para el cuarto de estudio. Esta pieza imita el estado natural de las hojas de otoño, en sus venas se ven 2 abejas donde se aprecia un toque gracioso. Zigang Lu fue un maestro famoso de talla de jade durante el siglo XVI, XVII en Suzhou, también es el artista más famoso en la historia de la talla de jade. Existen muchos objetos de jade con el sello de Zigang, la mayoría de ellos son imitaciones, esta pieza es una imitación de la Dinastía Qing.

白玉山水人物图镇尺

清代（1644～1911年）
长18.4、宽2.3、厚1.2厘米
旧藏
故宫博物院藏

Pisapapeles rectangular de jade blanco con cuadro de paisaje y personaje
White Jade Paperweight with Pattern of Landscapes and Figures
Dinastía Qing (1644 DC-1911 DC)
Largo 18.4, ancho 2.3, grosor 1.2 (cm)
Colección antigua
Coleccionado por el Museo del Palacio

书画时压纸之物，也是书房案头的赏玩佳品。长条形，凸雕山水、亭阁，松树下有两个老者观泉。

Objeto para afirmar el papel para pintura o caligrafía, también un objeto de colección para el cuarto de estudio. Tiene una forma rectangular decorada con talla convexa de paisaje y pabellón, bajo el pino se ven 2 ancianos contemplando un manantial.

青玉镂雕山水人物图碧玉斗笔

清代（1644～1911年）
长21.3厘米
旧藏
故宫博物院藏

**Pincel grande de jade verde con
tracería de paisaje y personaje de
jade gris
Cyan Jade Hollow-engraved
Super-large Brush with Pattern of
Landscapes and Figures**
Dinastía Qing (1644 DC-1911 DC)
Largo 21.3 (cm)
Colección antigua
Coleccionado por el Museo del Palacio

青 玉笔管中空，镂雕悬崖峭壁、古松奇草，一气呵
成，立体感极强，观之如有亲临高山峻岭之感。
清代笔杆品种很多，有漆、竹、木、象牙、珐琅、玉笔
等。这是玉雕中最精致的文房用具之一。

Este pincel de jade gris es hueco por el centro, la tracería marca un
paisaje de precipicios y plantaciones peculiares, sus líneas naturales
y su aspecto tridimensional entrega una sensación real de estar en
una montaña alta. En la Dinastía Qing hubo una amplia diversidad
de pinceles hecho de laca, bambú, madera, marfil, cloisonné, jade,
etc. Esta pieza es uno de los utensilio del cuarto de estudio más
refinados entre las tallas de jade.

青玉笔管（一对）

清代（1644～1911年）
长16.9、管径0.8厘米
旧藏
故宫博物院藏

Pincel de jade gris (pareja)
Green Jade Brush Barrel

Dinastía Qing (1644 DC-1911 DC)
Largo 16.9, diámetro 0.8 (cm)
Colección antigua
Coleccionado por el Museo del Palacio

玉 质温润，笔管浅雕梅花纹，一笔阴刻填金隶书"御制诞布无疆惠"七字，另一笔阴刻填金隶书"御制锡福被无垠"七字。纹饰和吉文，内涵寓意丰富，颇具宫廷特色，体现了皇家御用文具的奢华。

La textura del jade es suave y sutil, en su cuerpo se encuentra una talla superficial de Patrón de Ciruelo, en cada pincel se ven siete caracteres de respectivas frases auspiciosas en grabado cóncavo. Su patrón y texto auspicioso contienen un significado profundo los cuales destacan el estilo imperial reflejando el lujo de los utensilios de la corte.

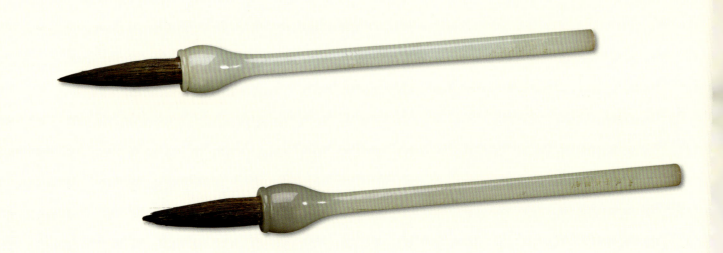

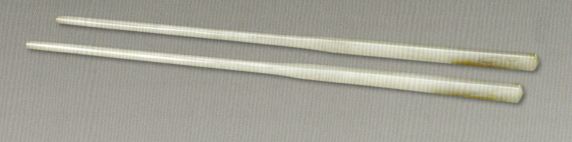

青玉箸
清代（1644～1911年）
长29、最宽0.9厘米
旧藏
故宫博物院藏

Palillos de jade gris
Green Jade Chopsticks
Dinastía Qing (1644 DC-1911 DC)
Largo 29, ancho max 0.9(cm)
Colección antigua
Coleccionado por el Museo del Palacio

宫 廷生活用器，青玉
质地。

Utensilio de uso diario de la
corte, hecho de jade gris.

金镶双龙戏珠镯

清代（1644～1911年）
径8.7、厚1.6厘米
旧藏
故宫博物院藏

**Brazalete de oro incrustado con diseño
de dos dragones con una perla**
**Gold-inlaid Bracelet with Pattern of
Two Dragons Playing with Pearl**
Dinastía Qing (1644 DC-1911 DC)
Diámetro 8.7, grosor 1.6 (cm)
Colección antigua
Coleccionado por el Museo del Palacio

镯 为一对，圆形，各饰双龙戏珠造型。手镯边沿錾
刻海水纹。内壁有"聚华"、"足金"戳记。

Pareja de brazalete circular, ambas decoradas con el diseño de dos
dragones con una perla. En su borde se ve el Patrón de Agua Marina
cincelada. En su interior se encuentran los sellos "juhua" y "zujin".

雍正款银壶

清雍正（1723～1735年）
高10.3、口径3.7、底径6.9厘米
旧藏
故宫博物院藏

Jarra de plata con sello de Yongzheng
Silver Kettle with Inscription of
Yongzheng Period, Qing Dynasty
Yongzheng - Dinastía Qing (1723 DC-1735 DC)
Diámetro boca 3.7, diámetro base 6.9, alto 10.3 (cm)
Colección antigua
Coleccionado por el Museo del Palacio

壶 口上有弓身螭形小提梁，盖与口间有按钮相连，压按钮则盖可开启。壶造型小巧玲珑，通体洁净光亮，壶底正中竖刻篆书"大清雍正年制"六字款，款左侧竖刻篆体"矿银成造"四字铭文。

Arriba de su boca se encuentra un pequeño mango con forma de Dragón Chi, su tapa es conectada a través de un botón con la boca y se abre al apretar el botón. Tiene un aspecto pequeño y refinado con un brillo sobre su cuerpo, en el centro de su base está el grabado de los seis caracteres"Hecho en el reinado de Yongzheng, Dinastía Qing" en escritura Zhuan, a su izquierda otros cuatro caracteres"Hecho con plata"en la misma escritura.

乾隆款粉彩百鹿图螭耳尊

清乾隆（1736～1795年）
高45、口径16、足径24.2厘米
旧藏
故宫博物院藏

Zun Fencai con sello de Qianlong, mangos de Dragón Chi y cuadro de cien ciervos Famille Rose *zun* (A Kind of Wine Vessel in Ancient Times) with Pattern of One Hundred Deer, Chi-shaped Ears and Inscription of Qianlong Period, Qing Dynasty

Qianlong - Dinastía Qing (1736 DC-1795 DC)
Alto 45, diámetro boca 16, diámetro base 24.2 (cm)
Colección antigua
Coleccionado por el Museo del Palacio

陈设用瓷。肩部两侧各有一螭耳，腹部绘百鹿图，苍松翠柏下、瀑布溪流间，群鹿或奔跑、或相偎、或憩息，形态各异，生机勃勃，自然逼真。底书"大清乾隆年制"六字篆书款。鹿与"禄"谐音。"福禄寿"象征幸福、前程、长寿，代表人们的美好愿望，也是常见的艺术题材。康熙至乾隆年间（1662～1795年）是清代社会发展的鼎盛时期，中国瓷器艺术发展到了顶峰，取得了相当高的艺术成就。

Porcelana de decoración. A sus lados se encuentran 2 Dragones Chi como mangos, en su cuerpo un cuadro de cien ciervos, bajo los pinos y cipreses, algunos corren y otros descansan entre las cascadas y arroyos mostrando aspectos únicos, vitales y reales. En su base se encuentra el sello de 6 caracteres "Hecho en el reinado de Qianlong, Dinastía Qing" en escritura Zhuan. La pronunciación de la palabra "ciervo" en chino es la misma de la palabra prosperidad, ésta junto con fortuna y longevidad eran temáticas artísticas populares la cuales demuestran el anhelo del pueblo. Desde el reinado del Emperado Kangxi hasta el del Emperador Qianlong (1662 DC-1795 DC), el crecimiento de la sociedad Qing llegó a su auge junto con el arte de porcelana china donde se alcanzaron grandes logros artísticos.

清乾隆斗彩缠枝莲纹荸荠扁瓶

清乾隆（1736～1795年）
高17、口径3.3、足径8厘米
旧藏
故宫博物院藏

Jarrón forma de castaña de agua Doucai decorado con loto y ramas entretejidas, Qianlong, Dinastía Qing
Clashing-colored Flat Vase with Pattern of Lotus with Intertwining Branches and Water Chestnuts, Qianlong Period, Qing Dynasty
Qianlong - Dinastía Qing (1736 DC-1795 DC)
Largo 17, diámetro boca 3.3, diámetro base 8 (cm)
Colección antigua
Coleccionado por el Museo del Palacio

陈设用瓷。器身满饰缠枝花卉纹，枝叶错落有致，繁而不乱。足底有乾隆款，字体秀雅端正，舒朗有致。斗彩是釉下彩（青花）与釉上彩相结合的一种装饰品种，创烧于15世纪。此瓶形制规范，因腹部状如荸荠而得名，为清代流行的瓶式。康熙时期首创，乾隆时期御窑厂多有烧造。

Porcelana de decoración. Su cuerpo está completamente adornado con flores y ramas entretejidas junto con abundantes hojas dispersas pero en orden. En su base se encuentra el sello de Qianlong con caracteres elegantes y francos.El Doucai es un tipo de pintura que integra la pintura bajo el vidriado y la pintura subre el vidriado creada en el siglo XV. Este modelo fue popular durante la Dinastía Qing y se caracteriza por su semejanza con las castañas de agua, fue creado durante el reinado de Kangxi y ampliamente producido en las casas imperiales de porcelana.

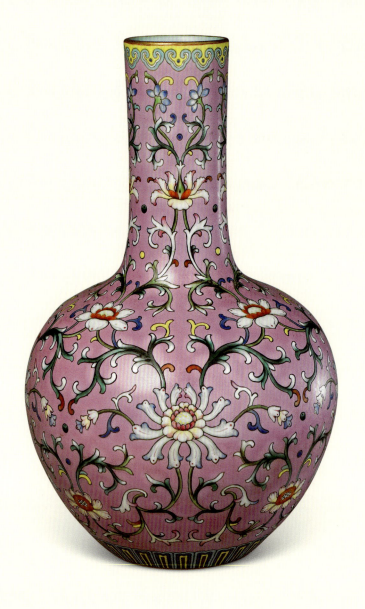

清乾隆粉地粉彩缠枝莲纹天球瓶

清乾隆（1736～1795年）
高29、口径6、底径9厘米
旧藏
故宫博物院藏

Jarrón forma de bola celestial Fencai fondo rosa decorado con loto y rama entretejida, Qianlong, Dinastía Qing
Famille Rose Globular Vase with Pattern of Lotus with Intertwining Branches, Qianlong Period, Qing Dynasty
Qianlong - Dinastía Qing (1736 DC-1795 DC)
Alto 29, diámetro boca 6, diámetro base 9(cm)
Colección antigua
Coleccionado por el Museo del Palacio

陈设用瓷。颈部和腹部均以粉色地粉彩绘制，主题纹饰为勾莲纹，莲花枝叶舒展。足内书红彩书"大清乾隆年制"三行六字篆书款。此器仿明代宣德瓷器造型，为典型的宫廷陈设用瓷。粉彩，清宫廷创烧于17世纪，在烧好的胎釉上施粉底绘图，再行烧制而成。

Porcelana de decoración. Su cuello y cuerpo están pintados de color rosa con técnica Fencai, y encima adornan lotos con ramas y hojas extendidas, en su base está el sello de 6 caracteres "Hecho en el reinado de Qianlong, Dinastía Qing" en escritura Zhuan. Esta pieza imita el diseño de las porcelanas Xuande de la Dinastía Ming, es una decoración típica del Palacio Imperial.El Fencai fue creado en el siglo XVII por el Palacio Imperial Qing, se pinta el color rosa sobre el vidriado cocido para luego ser cocido nuevamente.

清乾隆白地绿彩八吉祥云龙纹盖罐

清乾隆（1736～1795年）
通高20、口径6.5、底径8厘米
旧藏
故宫博物院藏

Jarrón con tapa Lücai fondo blanco con diseño de dragón y nube auspiciosa, Qianlong, Dinastía Qing
White-background Green-colored Covered Jar with Pattern of Eight Auspicious Designs, Clouds and Dragons, Qianlong Period, Qing Dynasty

Qianlong - Dinastía Qing (1736 DC-1795 DC)
Alto 20, diámetro boca 6.5, diámetro base 8(cm)
Colección antigua
Coleccionado por el Museo del Palacio

陈设用瓷。通体白釉衬底，青花勾勒图案轮廓，填绿彩装饰。盖面绘一五爪龙。盖外壁、肩腹交接处饰如意纹，罐肩部饰八宝纹，腹部双龙戏珠纹。圈足外底青花署篆书"大清乾隆年制"六字。

Porcelana de decoración. En su cuerpo se ven diseños de color verde con un contorno azul sobre el vidriado blanco. En su tapa se ve un dragón, entre la tapa y el cuerpo el Patrón Ruyi, el hombro está adornado con Patrón de Ocho Tesoros y su cuerpo dos dragones con una perla, en su base se encuentra el sello de 6 caracteres "Hecho durante el reinado de Qianlong, Dinastía Qing" en escritura Zhuan.

清乾隆蓝地轧道粉彩皮球花纹盘

清乾隆（1736～1795年）
高3.6、口径20、足径11.3厘米
旧藏
故宫博物院藏

Plato Fencai fondo azul con diseño raspado de círculos variados, Qianlong, Dinastía Qing

Blue-background Famille Rose Plate with Finished Circles and Pattern of Neolamarckia Bosser, Qianlong Period, Qing Dynasty

Qianlong - Dinastía Qing (1736 DC-1795 DC)
Alto 3.6, diámetro boca 20, diámetro base 11.3(cm)
Colección antigua
Coleccionado por el Museo del Palacio

盘 内为蓝釉，有7个形态各异的粉彩皮球散乱无序地点缀其中。盘底外沿绘三束红色花草。底正中有篆书三行六字青花款"大清乾隆年制"。图案精美、色泽反差明显、装饰味浓郁。

El vidriado dentro del plato es de color azul, es decorado con siete círculos Fencai dispersos de diversos diseños. En su exterior se ven 3 ramas y en su base, el sello de 6 caracteres "Hecho durante el reinado de Qianlong, Dinastía Qing" en escritura Zhuan. Su diseño es refinado con un contraste fuerte de colores destacando su función decorativa.

同治款金錾花双喜圆寿字茶碗
清同治（1862～1875年）
高5.6、口径9.6、底径5.2厘米
旧藏
故宫博物院藏

Pocillo de té de oro con sello de Tongzhi, decorado con caracteres de doble-felicidad y longevidad circular cincelados
Gold-chiseled Tea Bowl with Pattern of Double Happiness and Chinese Character of Shou (Longevity), Tongzhi Period, Qing Dynasty
Tongzhi - Dinastía Qing (1862 DC-1875 DC)
Alto 5.6, diámetro de boca 9.6, diámetro de base 5.2(cm)
Colección antigua
Coleccionado por el Museo del Palacio

碗腹錾刻几何纹地上间饰"囍"和团"寿"字。器腹下部为一周仰莲纹。器底錾刻铭文，清同治十一年为1872年。此碗是同治皇帝大婚用品。清代金器往往在器底錾刻年款、重量，有的还有承做作坊的戳记。

En su cuerpo se ven los caracteres de doble-felicidad y logenvidad sobre un patrón geométrico cincelado, debajo de éste se encuentra otro patrón de loto. En su base se encuentran inscripciones, el año XI del reinado Tongzhi, Dinastía Qing, fue el año 1872 DC. Esta pieza fue utilizada para la boda del Emperador Tongzhi. Los objetos de oro de esta dinastía llevan usualmente el año de fabricación y peso grabado en la base, a veces hasta se encuentra el sello del taller.

掐丝珐琅寿字螭纹连座甪端香熏（一对）

清代（1644～1911年）
通高48厘米
旧藏
故宫博物院藏

Incensarios de filigrana de cloisonné con forma de Luduan y pedestal decorado con Dragón Chi y caracter de longevidad (pareja)
Filigree Cloisonne Censer with Chinese Character of *shou* (Longevity), Pattern of *chi* (Legendary Dragon), Pedestal and Edges in the Shape of *lu* (Name of a Beast)

Dinastía Qing (1644 DC-1911 DC)
Alto general 48 (cm)
Colección antigua
Coleccionado por el Museo del Palacio

铜胎，采用掐丝珐琅工艺制成，置于宝座左右各一，也可做香熏使用。掐丝珐琅是中国传统工艺，一般在铜胎上以铜丝掐出图案，填上各种颜色的珐琅，之后经焙烧、研磨、镀金等多道工序而成。甪端，是神话传说中的神兽，据说能日行一万八千里、通四方语言，而且专为英明帝王传书护驾。

Hecho sobre un interior de bronce con filigrana de cloisonné. Se colocan a los lados del trono, también pueden ser utilizados como incensarios. La filigrana de cloisonné es una artesanía tradicional china, normalmente forman diseños con hilos de bronce sobre un interior del mismo material para luego ser llenado con esmalte de diferentes colores, después éste es cocido, pulido y dorado, etc.Luduan, criatura mitológica, se dice que viajan más de 9000 km, manejan diversos idiomas y son mensajeros y protectores de emperadores sabios.

掐丝珐琅凫尊

清代（1644～1911年）
高30.5厘米
旧藏
故宫博物院藏

Zun de filigrana de cloisonné con forma de pato silvestre - Recipiente de licor Filigreed Cloisonne Mallard-shaped *zun* (A Kind of Wine Vessel in Ancient Times)
Dinastía Qing (1644 DC-1911 DC)
Alto 30.5 (cm)
Colección antigua
Coleccionado por el Museo del Palacio

凫 卷尾而立，凫身以绿色珐琅釉为地，掐饰羽毛纹，双爪镀金，锤錾卷尾，凫背开一圆槽，装连椭圆形尊。尊以浅蓝色珐琅釉为地，饰勾莲纹，两侧中部有太极图。

El pato se encuentra de pie con su cola curvada, su cuerpo es cubierto de cloisonné verde y sobre éste plumas a filigrana, posee garras doradas y una cola curvada cincelada, en su espalda se abre un hueco circular donde está un Zun ovalado, el Zun es cubierto de cloisonné celeste con un patrón de loto encima y a los lados se ve el símbolo de Taichi.

L 中西交融

LA FUSIÓN ENTRE CHINA Y EL OCCIDENTE
PERFECT BLENDING OF THE CHINESE AND WESTERN CULTURES

　　15世纪初，明代郑和船队七下西洋，打通了中国通往南洋、西亚的海上交通，促进了中国与阿拉伯地区的商品互通、文化交流。中国瓷器、茶叶、丝绸等远销海外，海外工艺与材料的引进也推动了中国瓷器等工艺品的创新。16世纪后期开始，中国人及其丝绸、瓷器、文化习俗等，就已通过中国－菲律宾－墨西哥的"海上丝绸之路"，传至拉丁美洲的墨西哥等地；"马尼拉大帆船"也把墨西哥的鹰洋，南美特有的玉米、花生、红薯、辣椒等传入中国，改变了中国的金融业发展进程和食品结构。

　　Al principio del Siglo XV, la flota de Zheng He de la Dinastía Ming navegó al occidente 7 veces, este acontecimiento no sólo abrió el transporte marítimo entre China y el sureste y este de Asia, sino también promovió el intercambio de productos y cultura entre china y la zona arábica. La porcelana china, té, seda y otros productos fueron vendidos hasta el extranjero mientras que la importación de artesanías y materiales extranjeros estimuló la innovación de los productos artesanales chinos como la porcelana. A finales del siglo XVI, los chinos, juntos con la seda, porcelana, cultura, costumbres y otros llegaron a países de América Latina, por ejemplo México, a través de la Ruta de Seda Marítima China-Filipinas-México, mientras tanto, el Galeón de Manila trajo a China las monedas de plata mexicanas y productos locales de Sudamérica como maíz, camote, ají, entre otros, esto cambió el proceso del desarrollo de la industria financiera y la estructura alimenticia del país.

青花缠枝莲纹执壶

明宣德（1426～1435年）
高38.8、口径7.4、底径11.5厘米
旧藏
故宫博物院藏

Jarra Zhi de porcelana blanca y azul decorado con loto y ramas entretejidas
Blue-and-white Pot with Handle and Pattern of Lotus with Intertwining Branches
Xuande - Dinastía Ming (1426 DC-1435 DC)
Alto 38.8, diámetro de boca7.4, diámetro de base 11.5 (cm)
Colección antigua
Coleccionado por el Museo del Palacio

壶 颈部绘缠枝花，肩部饰莲瓣纹，腹部饰八面方形开光，每一开光内饰上下两朵花卉，足部饰卷枝纹。受15世纪初郑和七下西洋的影响，明初青花仿伊斯兰银器、铜器造型者很多。此器形仿自伊斯兰银水注。式样新奇，高大完整，在传世的青花器中比较少见。

En el cuello de este jarro se ven flores y ramas entretejidas, en su hombro pétalos de loto, su cuerpo es formado por 8 caras, cada una es decorada con una flor en la parte superior y otra en la parte inferior dentro de un marco mientras que su base es adornada con ramas curvadas. Muchas porcelanas del principio la Dinastía Ming imitan el aspecto de los objetos islámicos de plata y bronce debido a la influencia de las 7 navegaciones de la flota de Zheng He. Esta pieza imita al jarro islámico de plata, se destaca por su aspecto particular y gran tamaño, lo que la hace excepcional entre la porcelana blanca y azul.

矾红釉划花回纹盘

明正德（1506～1521年）
高3.9、口径17.9、底径11.9厘米
旧藏
故宫博物院藏

**Plato decorado con árabe raspado de
porcelana vidriada burdeos
Alum Red-glazed Engraved Plate with
Zigzag Pattern**

Zhengde - Dinastía Ming (1506 DC-1521 DC)
Alto 3.9, diámetro boca 17.9, diámetro base 11.9 (cm)
Colección antigua
Coleccionado por el Museo del Palacio

釉表光亮莹澈，内外均以矾红阿拉伯文装饰。正德
皇帝深受伊斯兰文化的影响，所以装饰阿拉伯文
字的瓷器在正德时期大量集中出现，是这一时期典型的
时代特征。

Su vidriado es cristalino y brillante, en ambas caras se encuentra
árabe de color burdeos como adorno. El Emperador Zhengde fue
fuertemente influenciado por la cultura islámica, por esta razón
aparecieron porcelanas con escritura árabe en grandes cantidades
durante esta época, una característica particular del periodo.

清康熙青花开光阿拉伯文三足炉
清康熙（1662～1722年）
高14、口径17.5、足径13.5厘米
旧藏
故宫博物院藏

腹部有大面积的如意式开光，内饰阿拉伯文。造型典雅，沉稳端庄。

En su cuerpo se ve un amplio marco Ruyi y dentro de él escritura árabe. Posee un diseño franco, firme y solemne.

Caldera trípode de porcelana blanca y azul con escritura árabe enmarcado, Kangxi, Dinastía Qing
Blue-and-white Openwork Three-legged Furnace with Arabic Characters, Kangxi Period, Qing Dynasty
Kangxi - Dinastía Qing (1662 DC-1722 DC)
Alto 14, diámetro boca 17.5, diámetro base 13.5 (cm)
Colección antigua
Coleccionado por el Museo del Palacio

清乾隆广彩人物图碗

清乾隆（1736～1795年）
高11、口径25.7、足径13.1厘米
旧藏
故宫博物院藏

Pocillo Guangcai con cuadro de personaje, Qianlong, Dinastía Qing
Canton-colored Bowl with Pattern of Figures, Qianlong Period, Qing Dynasty

Qianlong - Dinastía Qing (1736 DC-1795 DC)
Alto 11, diámetro boca 25.7, diámetro base 13.1(cm)
Colección antigua
Coleccionado por el Museo del Palacio

色彩华美富丽，纹饰繁密，整体光彩夺目、富丽堂皇。广彩是在各种白瓷器皿上彩绘、烧制而成，融合中国传统绘画与西洋技法，具有鲜明的外销风格。康熙二十三年（1684年），解除海禁后，外国商船随之增多，外国或在广州订货，或来样加工，促进了广州彩瓷器的生产和发展。

Además de su color magnífico, su diseño y decoración también son llamativos y lujosos. La artesanía Guangcai se trata de pintar sobre cualquier tipo de porcelana blanca para luego ser cocida. Esta pieza integró técnicas de pintura occidental con las de pintura tradicional china mostrando un fuerte toque de exportación.Al anular la prohibición del comercio marítimo en el año XXIII del reinado de Kangxi (1684 DC), se aumentó la cantidad de barcos extranjeros comerciales, algunos de ellos compraban a pedidos en Guangzhou mientras que otros traían muestras para su elaboración, esto estimuló la producción y desarrollo del la porcelana Guangcai del lugar.

清乾隆广彩人物图盘

清乾隆（1736～1795年）
高2.8、口径12.6、足径7.4厘米
旧藏
故宫博物院藏

**Plato Guangcai con cuadro de
personaje, Qianlong, Dinastía Qing
Canton-colored Plate with Pattern of
Figures, Qianlong Period, Qing Dynasty**

Qianlong - Dinastía Qing (1736 DC-1795 DC)
Alto 2.8, diámetro boca 12.6, diámetro base 7.4(cm)
Colección antigua
Coleccionado por el Museo del Palacio

盘 心描绘了一位衣着华丽的西洋女子。色泽艳雅、细致，有典型的清中期广彩瓷器风格。

En el centro del plato se ve el cuadro de una mujer occidental vestida lujosamente. Sus colores elegantes y refinados presentan el estilo típico de la porcelana Guangcai durante la mitad de la Dinastía Qing.

乾隆款珐琅彩黄地开光山水人物图绶带耳葫芦瓶

清乾隆（1736～1795年）
高10、口径0.6、底径2.8×2.1厘米
旧藏
故宫博物院藏

Jarro de cloisonné con forma de calabaza, sello de Qianlong, mangos de cinta y cuadro enmarcado de paisaje y personaje sobre fondo amarillo
Cloisonne Yellow-background Openwork Gourd-shaped Vase with Pattern of Landscapes and Figures, Ribbon-shaped Ears and Inscription of Qianlong Period, Qing Dynasty

Qianlong - Dinastía Qing (1736 DC-1795 DC)
Alto 10, diámetro boca 0.6, diámetro base 2.8 x 2.1(cm)
Colección antigua
Coleccionado por el Museo del Palacio

瓶呈葫芦形，瓶身两侧置二绶带状耳。通体施黄釉，以珐琅彩满绘勾莲纹。瓶身两侧上、下开光，上部以胭脂彩绘山水楼阁图，下部海棠形开光内绘西洋母子图。足外底署楷书"乾隆年制"双行四字款。

Este jarro imita la forma de una calabaza, a sus lados decoran dos mangos con forma de cintas. El vidriado amarillo cubre completamente la pieza y por encima es decorado con un patrón de loto a cloisonné. En la parte superior e inferior se encuentran 2 marcos, dentro del superior se ve un cuadro de paisaje pintado con carmín, el marco inferior tiene forma de una manzana y dentro de él se ve un cuadro de madre e hijo occidentales. En su base está el sello de 4 caracteres "Hecho durante el reinado de Qianlong" en escritura Zhuan.

DOS CULTURAS UNIDAS
POR EL MISMO OCÉANO

清乾隆粉彩西洋人物图盖盒

清乾隆（1736～1795年）
高6、口径11.7、足径9.5厘米
旧藏
故宫博物院藏

Caja de dos piezas Fencai con diseño de personaje occidental, Qianlong, Dinastía Qing
Famille Rose Covered Box with Pattern of Western Characters
Qianlong - Dinastía Qing (1736 DC-1795 DC)
Alto 6, diámetro boca 11.7, diámetro base 9.5 (cm)
Colección antigua
Coleccionado por el Museo del Palacio

圆形盖盒，子母口。盒盖正中绘西洋风景人物图。画工精细独到，深浅浓淡过渡自然。乾隆皇帝好慕新异，宫廷内盛行西洋风，故而诞生了诸多中西合璧的工艺品。

Caja circular con tapa. En su parte inferior lleva un pequeño borde con un diámetro menor para ser encajado en la tapa, en el centro de la parte superior se ve un cuadro de paisaje y personaje occidental. Su pintura es refinada y exclusiva con una transición de colores natural. El Emperador Qianlong era fanático de cosas nuevas y originales, el estilo occidental era una sensación entre la corte por lo cual surgieron muchas artesanías con fusión entre el estilo oriental y occidental.

广彩徽章图折腰盘

清嘉庆（1796～1820年）
高2.1、口径11、足径5.5厘米
旧藏
故宫博物院藏

Plato doblado Guangcai con diseño de emblema
Canton-color Bowing Plate with Pattern of
Badges

Jiaqing - Dinastía Qing (1796 DC-1820 DC)
Alto 2.1, diámetro boca 11 , diámetro base 5.5(cm)
Colección antigua
Coleccionado por el Museo del Palacio

徽章瓷基本是应西方家族或公司需要而定制的。由于定制费用高，要求严，所以这类瓷器从瓷质到彩绘大多十分精美，属中高档瓷器。主要用于出口，国内一般不用，这也是许多流传到国外的徽章陶瓷精品在中国难得一见的原因。

Las porcelanas con diseño de emblemas eran usualmente pedidas por familias o empresas occidentales, debido a su alto costo y exigencia suelen ser muy finas desde el material hasta la pintura por lo que son piezas de clase media o alta. Estas piezas eran principalmente exportadas y no eran utilizadas dentro del país, por esta razón las porcelanas con emblema son raramente vistas en China.

墨西哥银币（8枚）

1814～1873年
直径2.8～3.8厘米
广东省文管会移交
广东省博物馆藏

Monedas de plata de México (8 piezas)
Mexican Silver Coins (8)

Año 1814-1873
Diámetro 2.8-3.8 (cm)
Trasladado por el Comité de Administración de
Reliquia Cultural de Guangdong
Coleccionado por el Museo de Guangdong

共 选取8枚。其中6枚正面是嘴叼长蛇的展翅雄鹰，立在仙人掌上，5枚鹰身左倾，1枚鹰身右倾，边缘上方书"REPUBLICA MEXICANA"（墨西哥共和国），下方有半环形花枝承托；5枚的背面是放射出长短不一光柱的自由帽，另1枚自由帽下方为均衡天平，中间卷轴、轴面刻阴文"LEY（法律）"，轴后斜置利剑。另2枚，正面中心是1864～1867年墨西哥皇帝马西米连诺一世侧面头像，边缘上方书"MAXIMILIANO EMPERADOR"；背面中央为墨西哥第二帝国国徽。从16世纪到20世纪初，墨西哥是世界上最大产银国和最大银币出口国。与此同时，中国是世界上最大的以银为币的国家。中墨两国虽远隔重洋，但自19世纪中期，墨西哥银币大量涌入中国，在中国货币史上产生过巨大的影响，鹰洋在中国南部、中部各省流通广泛，数量曾达到数亿枚。

Se seleccionaron en total 8 piezas. 6 de ellas llevan un águila con una serpiente en su pico encima de un cactus, 5 de estas águilas se inclinan hacia la izquierda y una hacia la derecha. En el borde se ven las palabras"REPUBLICA MEXICANA", debajo de éstas una rama de flores semicircular. En el reverso de 5 de ellas se ve el gorro de libertad radiando rayos largos y cortos, en la otra se ve el gorro de libertad encima de una balanza con un grabado cóncavo de la palabra "LEY" en su eje, detrás del eje se apoya una espada.En las otras 2 se ve en la cara frontal la silueta del Emperador Maximiliano I de México desde 1864 al 1867, en el borde se ven las palabras "MAXIMILIANO EMPERADOR"y en el reverso se ve el escudo nacional del Segundo Imperio Mexicano.Desde el siglo XVI hasta el principio del siglo XX, México fue el país con mayor producción de plata y mayor exportación de moneda de plata, al mismo tiempo, China era el país más grande con circulación de monedas de plata. A pesar de la larga distancia entre China y México, las monedas mexicanas llegaron en cantidades masivas a china desde la mitad del siglo XIX dejando una gran influencia en la historia monetaria china, éstas eran circuladas ampliamente en provincias del sur y centro de China y su cantidad alcanzó a centenas de millones.

船形银元宝

明代（1368～1644年）
高3.4、长7、腰3.9厘米，重356.4克
广东省阳春县城出土
广东省博物馆藏

Lingote de plata con forma de bote
Boat-shaped Silver Ingot

Dinastía Ming (1368 DC-1644 DC)
Alto 3.4, largo 7, cintura 3.9(cm), peso 356.4g
Desenterrado del distrito Yangchun, Guangdong
Coleccionado por el Museo de Guangdong

船形银锭。两端双翅上翘，锭面内凹。锭身厚重，表面粗糙。

Lingote de plata con forma de bote. Posee puntas respingadas, cara superior cóncava, gran peso y una superficie rugosa.

咸丰六年款船形大银元宝

1856年
高6.4、长10.9厘米，重1875克
向广东省韶关市工商行政管理局征购
广东省博物馆藏

Lingote de plata grande con forma de bote con el sello del año VI del reinado de Xianfeng
Large Boat-shaped Silver Ingot Inscribed with "the 6th Year of Xianfeng Period", Qing Dynasty

Año 1856 DC
Alto 6.4, largo 10.9(cm), peso 1875g
Comprado del Departamento Administrativo de Industria y Comercio de Shaoguan, Guangdong
Coleccionado por el Museo de Guangdong

银锭呈船形，两端双翅上翘，锭面铸双排阳文"咸丰六年十一月""太平县赵魁五"长方印。

El lingote posee la forma de un bote con las puntas respingadas e inscripciones donde se registran datos como el año, lugar y nombre, etc.

清光绪十三年平乐县金长义款长方形
银锭

1887年
高2.6、长5.6、腰3.8厘米，重355克
购自中国人民银行广东分行
广东省博物馆藏

**Lingote de plata con sellos rectangulares
de Jinchangyi, distrito Pingle, año XII del
reiando de Guangxu, Dinastía Qing
Rectangular Silver Ingot with Inscription of
"jinchangyiinpinglecounty", the 13th Year of
Guangxu Period, Qing Dynasty**

Año 1887 DC
Alto 2.6, largo 5.6, cintura 3.8(cm), peso 355g
Comprado de la sucursal de Guangdong del Banco Popular de
China
Coleccionado por el Museo de Guangdong

银 锭锭面铸五排阳文长方印，印文分别为"光
绪十三年"、"四月 日"、"平乐县"、"金昌
义"、"库银"。

En la cara frontal del lingote se encuentran fundidos 5 sellos
rectangulares convexos e inscripciones donde se registran
datos como el año, lugar y nombre, etc.

清光绪"陈元昌号公议纹银公议公估童看"牌坊银锭

清光绪（1875～1908年）
高1.8、长6、腰3.5厘米，重193.6克
旧藏
广东省博物馆藏

Lingote de plata con forma de arco conmemorativo, Guangxu, Dinastía Qing
Silver Ingot in the Shape of Memorial Archway with Inscribed Chinese Characters of *"chenyuan changhaogongyiwenyingongyigong gutongkan"*, Guangxu Period, Qing Dynasty

Alto 1.8, largo 6, cintura 3.5(cm), peso 193.6g
Guangxu - Dinastía Qing (1875 DC-1908 DC)
Colección antigua
Coleccionado por el Museo de Guangdong

银锭呈不规则长方形，锭面有三个大戳印，中间戳印浅，两端戳印深，正面看形如牌坊，侧面看形如马鞍，戳印文字为"陈元昌号公议纹银"，中部两条凸棱上分别有两个小戳印，印文为"公议公估童看"。为晚清云南地区性白银货币。

El lingote posee una forma rectangular irregular, en su cara se ven 3 inscripciones grandes, la del centro es somera y las de los lados profundas. Viendo desde el ángulo frontal se asimila a un arco conmemorativo chino y desde un ángulo lateral, una montura. Lleva inscripciones donde se registran datos como el año, lugar y nombre, etc.

E 结 语
PÍLOGO
EPILOGUE

中国与美洲文化都具有积淀深厚、开放包容的共性，虽远隔重洋，却近若比邻。约七八千年前，中国的黄河、长江、辽河等流域出现了文明曙光，秘鲁沿海和安第斯山区等也出现了文明。中国最早培育了粟（小米）、水稻等，拉美人民也开始种植玉米、马铃薯等。农业文明，为人类文明的进步奠定了坚实基础。先人以各自的聪明才智，不断改造生存环境，追求美好理想，共同为人类的进步和发展谱写了辉煌的篇章。

在此，向使该展能顺利如期举办的中国驻秘鲁大使馆、秘鲁文化部以及秘鲁国家考古人类学历史博物馆等机构和相关工作人员，特别是在百忙之中操劳斡旋的贾桂德大使、朱晓燕参赞以及维护展场运营的人员等，致以最衷心的感谢。感谢所有与我们一起策划筹备展览并收获展览快乐的诸位。

A pesar del gran océano que separa la cultura china de la cultura americana, ambas están fuertemente unidas por tener las características comunes: un patrimonio cultural profundo y una postura abierta e inclusiva. Cerca de 7000 a 8000 años atrás, aparecieron los primeros rayos de la civilización a la orilla del Río Amarillo (Huanghe), Río Yangtze y Río Liao, simultáneamente, aparecieron civilizaciones en la costa y sierra andina del Perú. En China criaron tempranamente el mijo y el arroz mientras que el pueblo latino sembraba maíz y patatas. La civilización agrícola otorgó una base firme al desarrollo de la civilización humana, con la inteligencia y talento de cada individuo, nuestros ancestros no sólo mejoraban constantemente las condiciones de vida sino también perseguían sus ideales logrando componer un capítulo resplandeciente en el progreso y desarrollo de la humanidad.

En esta ocasión, queremos dar las sinceras gracias a las entidades que permitieron una exitosa organización de esta exhibición: la Embajada de la República Popular de China en el Perú, el Ministerio de Cultura del Perú y el Museo Nacional de Arqueología, Antropología e Historia del Perú, entre otros, juntos con sus respectivos funcionarios. Agradecemos en especial al excelentísimo Sr. Embajador Jia Guide ,a la Consejera Cultural Sra. Zhu Xiaoyan y a los trabajadores que permitieron llevar a cabo de manera exitosa esta exhibición. Finalmente, agradecemos a cada uno de ustedes que nos acompañaron en este gran trabajo de preparación, del cual hoy nos complace y nos llena de mucha felicidad.

M 专题文章
ONOGRAFÍAS
MONOGRAPHS

中国文明的起源与早期中国的出现

北京大学考古文博学院教授　张　弛

中国古代有用文字记载历史的悠久传统，各种来源不明的传说和史实记述了中国数千年来的圣贤、王者和朝代，庞杂的内容甚至连第一次系统整理这些古代历史的西汉伟大历史学家司马迁（公元前145年~前90年）都无所适从，但他还是参考当时皇家历史档案，在《史记》中记载下来了中国早期三个王朝——夏代（约公元前21世纪至前16世纪）、商代（约公元前16世纪至前11世纪）、西周（约公元前11世纪至前771年）完整的君王世系以及此前的一些传说。20世纪初殷墟甲骨文的发现和释读，证实了司马迁记载的商代世系是正确无误的。依据甲骨文的发现，考古发掘也证实了安阳殷墟就是商代晚期的都城。此后，考古学就成为探索古代中国以及中国文明起源的重要工具。百年来的中国考古学已经可以大致描述万年以来中国所在的东亚地区早期文明起源的历程。

一　农业起源与中国新石器时代核心区域的形成

中国位于东亚的中心地带，这里史前文化的发生和发展是与东亚其他地区连为一体的。旧石器时代晚期中国的北方和南方地区就分别属于东北亚细石器文化系统和东南亚砾石石器文化系统，说明中国史前文化很早就有了分化。两地虽然石器的主体类型大不相同，但遗址中都发现有刃部磨制的石器、磨盘和锥、鱼镖等骨器，南方江西万年仙人洞遗址发现的陶器（釜）年代可达2万年以前。

公元前9000年进入新石器时代早期以后，在北方地区的北京东胡林遗址和南方的浙江浦江上山遗址，分别发现有多座单人葬墓地和大型多开间的建筑基址，是长期定居开始的明确证据，并分别发现有粟和水稻籽实。公元前7000年以后，在北方地区的黄河流域中下游地区多处遗址发现有大量的黍和粟两种作物，以及狗和家猪。南方地区的长江中下游地区多处遗址发现有水稻和家猪遗存。黄河中下游与长江中下游地区分别形成了旱地农业和水田农业两种农业体系，成为此后中国新石器时代发展的核心地区，并在此后分别向其他东北亚和东南亚地区扩张，逐渐取代当地的旧石器时代延续下来的狩猎采集文化。

公元前7000~前3500年期间的新石器时代中期，在黄河中下游、长江中下游地区形成了多种农业文化。发掘的遗址普遍发现有以环壕围绕的小型村落，村落中有密集的房屋和集中的墓地。完整揭露的陕西临潼姜寨遗址就是其中的一个，这个村落占地2万多平方米，周围环壕的缺口处修建有哨所，环壕内房屋同时期约200座，都背对环壕面向中心广场。广场中间有合葬墓墓地，环壕外也发现了三片墓地。房屋和墓葬都没有差别，代表了一种平等的氏族社会形态。

二 社会分化的出现与区域间上层社会交流网的形成

公元前3500~前2300年是中国新石器时代晚期。这个时期开始的公元前3500~前3000年间，在黄河中下游、长江中下游和西辽河地区普遍出现了社会的分化。社会分化既体现在区域和社群之间，也体现在社群内部，出现了聚落面积相差数十乃至上百倍的现象，在大型聚落中有大型的土木建筑、防御设施以及大型墓地。在聚落的内部，大型聚落中出现了大型墓地和普通墓葬之间的分化，说明社会上层贵族已经出现。

黄河中游地区这个时期遗址最密集的地方在陕西、山西和河南交界的地方，这里发现了多处面积达100多万平方米的大型聚落，说明是黄河中游地区文化和社会发展的核心地区。长江下游地区安徽含山凌家滩遗址面积达110~140万平方米，发现有双重环壕以及贵族墓地。一些遗址还发现有面积达10万平方米的城址，甘肃秦安大地湾则发现有最早的宫殿型房屋。相

比之下，这个时期普通的聚落面积不过几万平方米，没有大型的土木建筑和设施，发现的墓葬仅可容身，没有或只有很少几件随葬品。

在安徽凌家滩（图1）、山东泰安大汶口、辽宁建平牛河梁均发现有这个时期集中的大型墓葬的墓地，这些墓葬大多墓室宽大，有棺椁，随葬大量玉器和陶器等，并均有象征权力的玉钺。其大型墓葬在规模和结构上完全一样，都有棺椁，随葬品虽有差异，但随葬品种标示身份的物品和程式十分相近，甚至还有来自远途贸易的装饰品和武器。说明当时各个地区和文化特别是中原与东南部地区中的上层社群有密切的社会观念的交流，上层社会争相以外来的仪式和物品提高自己在当时社会中的声望和地位。这些都应当是当时区域间社会互动的一般情况。

三 古国的形成与新石器时代文明

公元前3000~前2300年，西辽河流域红山文化衰

图1　凌家滩M23（安徽省文物考古研究所：《安徽含山凌家滩遗址第五次发掘的新发现》图版四，《考古》2008年第3期）

图2　陶寺M22俯视（中国社会科学院考古研究所山西队、山西省考古研究所、临汾市文物局：《陶寺城址发现陶寺文化中期墓葬》图一，《考古》2003年第9期）

落，在黄河中下游（图2）、长江中下游地区早已出现的社会分化进一步加剧，出现了一批可以认为是属于是古国性质的区域性政体，古国的大小不一，其中一些比较大的古国都有中心性质的都邑，大多有城防等大型公共性建筑，城内有宫殿以及大型墓地。墓地分化为大中小三种，其中大型墓葬数量很少，说明社会分化已经十分严重。下游地区大型墓地中甚至出现了殉人。

规模最大的聚落发现在长江中下游地区。浙江余杭良渚遗址群（图3），共发现遗址140多处，占地面积40平方公里。北边山体的缺口上新近发现高低两重11处水坝，最长的一条长达5公里，构成的水利系统覆盖了遗址群所在100平方公里的土地面积。遗址群的中部修建有面积达3000万平方米的城址，城内中部建有面积60万平方米、高达10米左右的高台。土台上面发现有成组的大型建筑基址，应当是上层人物居住的地方。这个高台的西北角发掘了一处大型墓葬的墓地，规模最大的墓葬随葬有600余件玉器和嵌玉漆器（图4）。

这座城址的外围分布有上百处小型聚落，发现较多普通的房屋遗迹和小型墓葬，随葬品只有几件石器和陶器。良渚遗址群居住的人口应当有数万人，社会分层可以从高台建筑和大型墓葬上分辨得十分清晰。种种迹象表明，良渚遗址群是一个新型的社会类型，可以称之为"古国"。

长江中游地区在江汉平原北部地区也集中发现了大大小小的聚落群。其中规模最大的湖北天门的石家河遗址群占地面积达8平方公里，遗址群中部修建的石家河城址面积120万平方米，城墙底宽近百米，至今仍见于地表。城内中部发现有大型建筑基址。城外分布有大小30余处小型聚落点，小型聚落曾发现过院落遗迹，旁边有同时期的墓地。类似于石家河这样的城址在江汉平原北部和西部目前已经发现有15处，聚落群的间距在10~20公里之间。每个聚落群的直接领地都有几十乃至上百平方公里，与中国古代历史上记载的古国（或邦国）规模相当，墓葬所显示的等级规模以及社会阶级矛盾或族群争斗表明了这些古国发展的程度，标志着黄河中下游和长江中下游地区新石器时代区域文明的出现。

四　青铜时代世界体系的形成与早期中国的出现

公元前2300~前1500年的龙山—二里头文化时期是中国青铜时代早期，同时也是中国历史乃至东亚历史的一个关键时段，此前和此后的中国乃是两个世界。中国新石器时代的世界体系在东亚，东亚的文明中心在黄河、长江两河流域的中下游地区，向外拓展至西北、东北、西南和华南，并持续影响了中亚、东北亚和东南亚地区的文化。此时，中亚和欧亚草原青铜文化进入中国西北地区，在中国西北和北方地区普遍发现了旧大陆西部传入的小麦和大麦等作物，绵羊、山羊、黄牛和马等家畜，以冶铜为主的冶金技术，以及各种铜器、权杖头等器物。以发源于西方的

作物和技术向中国的传播为主，当然也有原产中国的粟黍类作物向西传播的事例。这种变化标志着这个时期欧亚大陆青铜时代世界体系开始形成。此后中国的世界体系一变而成为欧亚，原来的新石器时代文明在核心地区衰落，欧亚接触地带的燕辽地区、北方地区、西北地区和西南地区这一半月形地带兴起了新型的考古学文化，随后形成了中原地区的青铜时代文明新格局。

中国青铜时代早期文化格局中最大的变化是长江中下游新石器时代古国的衰亡、文明的衰落以及半月形地带的兴起。燕辽地区的文化聚落分布非常密集，城寨密布。北方地区的陕北、内蒙古中南部也出现了大规模城址。陕北新近发现的石峁石城面积可达400万平方米，由两重石城环绕，拱卫着中部的皇城——台台城。甘肃发现了中国目前最早的铁器。西南地区成都平原上发现至少8座大大小小的城址，其中规模最大的新津宝墩城址为内外双重城圈，外圈面积为260万平

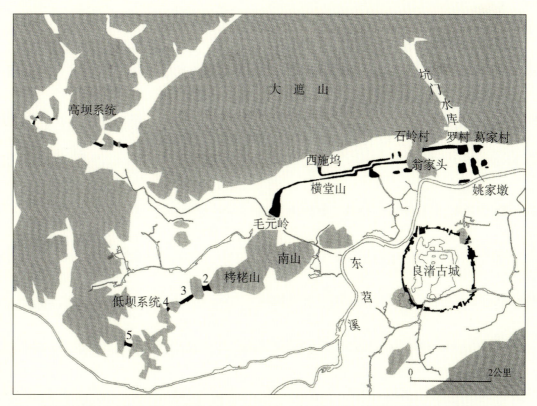

图3　良渚遗址城址及水坝平面图（浙江省文物考古研究所：《杭州市良渚古城外围水利系统的考古调查》图一，《考古》2015年第1期）

方米，内圈60万平方米。而最大的遗址三星堆这个时期已经超过宝墩一倍。半月形地带的兴起改变了此前新石器时代文化核心区的文化格局和文化关系。

从龙山文化时期开始，先是长江中下游地区大大小小的像良渚和石家河那样的古国纷纷衰落并消失，黄河中下游地区龙山文化一度向南拓展至长江流域，出现了一系列城址或多重壕沟组成的具有明确防御功能的都邑性城址，发掘出土了大量的箭头、武器，乱葬和杀埋活人等奠基仪式在这一时期极为普遍。但到二里头文化时期这些龙山文化的城址也出现衰落，原来黄河和长江中下游地区的传统文化和文明消失殆尽。

只有河南西部以洛阳盆地为中心的二里头文化还持续兴盛。洛阳盆地中心地区出现二里头文化和二里头都邑性聚落。二里头遗址（图5）占地面积400万平方米，中部有一座10万平方米以城墙围绕的宫城，城内发掘发现了数座大型的宫殿基址。二里头遗址发掘

出土了一批有中国青铜时代本土特征的青铜器如鼎、爵、盉、钺和玉牙璋等器物，二里头文化的文化辐射范围也超过此前任何一个时期。研究者普遍认为它可能是中国古代文献记载的最早的王权国家——夏的都城。

中国古代文明的再度兴盛出现于公元前1500~前800年间的青铜时代晚期，也就是商代和西周时期。商代是中国第一个有成熟文字系统证明其存在的王权国家，统治的中心区域在河南中部和北部，早期发现的郑州商城面积达20平方公里，有内外两重城圈。著名的安阳殷墟遗址（图6）面积更达到30平方公里，这里由于发现了中国最早的文字，可以证明是商代晚期的都城。殷墟发现了大规模的宫殿区和王陵区，王陵是葬入了商代晚期历代国王的大型墓葬，墓葬中有众多的殉人，王陵区中定期祭祀的祭祀坑中动辄埋人数十乃至数百人。同时期兴起于陕西关中地区的周人很早

图4　反山M12俯视（浙江省文物考古研究所：《反山》（下）彩版二七，文物出版社，2005年）

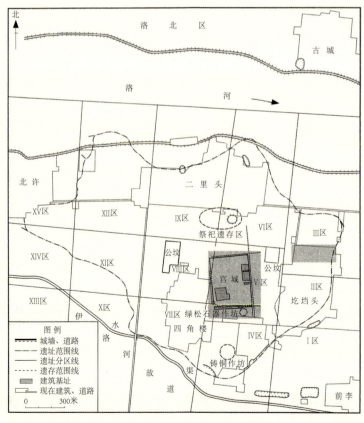

图5　二里头遗址平面图（中国社会科学院考古研究所：《二里头（1999-2006）》（壹）第7页图1-1-3-3，文物出版社，2014年）

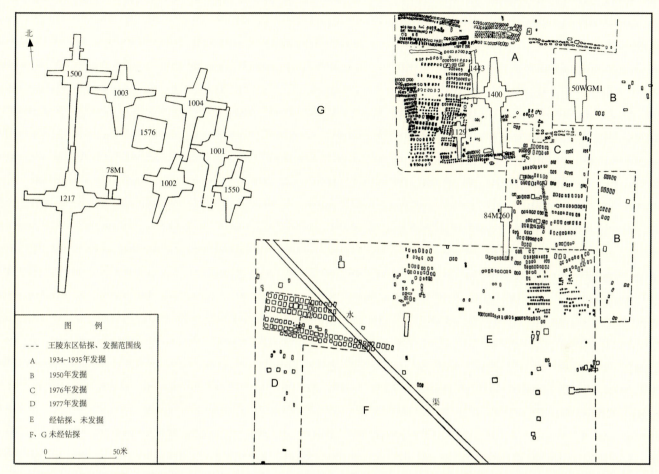

图6　殷墟西北岗王陵区墓葬、祭祀坑分布图（中国社会科学院考古研究所编著：《中国考古学·夏商卷》图6-6，中国社会科学出版社，2003年）

就建立起自己的国家，公元前11世纪灭商后建立了周王朝。西周时期青铜器"何尊"上的铭文发现有"中国"这一词汇，尽管这个词在当时是指中心的意思，但按照李零教授的说法，西周占领了过去夏人和商人统治的地盘，是中国历史上第一次"大一统"，标志了"中国"这一认同体的开始形成，周王朝控制的区域成为此后2000年的中国历史上文化和政治的中心。

天涯共比邻
DOS CULTURAS UNIDAS
POR EL MISMO OCÉANO

EL ORIGEN DE LA CIVILIZACIÓN CHINA Y EL SURGIMIENTO DE LA TEMPRANA CHINA
THE ORIGIN OF CHINESE CIVILIZATION AND THE EMERGENCE OF THE EARLY CHINA

Zhang Chi, profesor de la Academia de Arqueología y Museología - Universidad de Pekín

Existía una larga tradición en la antigua China de registrar historia con escritura, incontables leyendas de fuente desconocida y datos históricos apuntaron y narraron sobre los sabios, reyes y dinastías de China a lo largo de milenios, el contenido extenso y desordenado era casi imposible de manejar hasta para el grandioso historiador de la Dinastía Han Occidental, Sima Qian (año 145 AC al 90 AC), quien ordenó sistemáticamente por primera vez la historia antigua de China, sin embargo, él tomó como referencia los archivos historiales imperiales y registró en *Shi Ji* (Registro Historial) el linaje real completo y ciertas leyendas antepasadas de las 3 tempranas dinastías de China, Xia (cerca del siglo XXI AC al siglo XVI AC), Shang (cerca del siglo XVI al siglo XI) y Zhou Occidental (cerca del 771 AC). El descubrimiento y explicación de la Escritura en Huesos de Oráculo al principio del siglo XX corroboraron que el registro de Sima Qian sobre el linaje de la Dinastía Shang fue totalmente correcto, según este descubrimiento, las excavaciones arqueológicas también corroboraron que el sitio arqueológico Yin Xu, ubicado en Anyang, fue la capital del último periodo de la Dinastía Shang. Desde entonces, la arqueología se volvió la importante herramienta para explorar China y el origen de su civilización. La arqueología china de último siglo ha logrado describir de forma general el origen y curso de más de 10.000 años de la civilización temprana que hubo en zonas de Asia Oriental donde se encuentra China.

I. El origen de la agricultura y la formación de la zona núcleo del Neolítico en China.

China se encuentra ubicado en el área céntrica de Asia Oriental, el surgimiento y crecimiento de su cultura prehistórica forman un conjunto con las otras regiones del área. En el último periodo del Paleolítico, el norte y sur de China pertenecía respectivamente al sistema cultural microlítico del noreste de Asia y al sistema cultural lítico de grava del sureste de Asia lo cual refleja la división temprana en la cultura prehistórica china. A pesar de que la variedad troncal de los instrumentos de piedras era totalmente diferente en ambas áreas, se han descubierto universalmente en los yacimientos instrumentos con filo pulido y piedra de molino junto con instrumentos de hueso como punzón y arpón. La cerámica (Fu, caldero) descubierta en el yacimiento Xianrendong (Cueva de Inmortales), ubicado en Jiangxi al sur de China, tiene una historia de 20.000 años.

Después de entrar al Neolítico en el año 9000 AC, se descubrieron varios cementerios de entierro individual junto con mijo al norte de China en el yacimiento Donghulin, Beijing, y ruinas infraestructurales de construcciones masiva de espacio múltiple junto con arroz al sur de China en el yacimiento Shangshan, Pujiang, Zhejiang, los cuales son evidencias claras de un sedentarismo. Después del 7000 AC, se encontraron abundantes mijos (2 tipos), perros y cerdos domésticos en distintos sitios ubicados en el curso medio e inferior del Río Amarillo (Huanghe) al norte de China, mientras que en el curso medio e inferior del Río Yangtze al sur de China, aparecieron arroz y cerdos domésticos en diferentes sitios. Se formaron 2 sistemas agrícolas, secano y arrozal, respectivamente en el curso medio e inferior del Río Amarillo y Río Yangtze, estas regiones se convirtieron posteriormente en la zona núcleo del desarrollo del Neolítico chino expandiéndose uno al noreste de Asia y el otro al sureste de Asia, poco a poco, reemplazó a la cultura local de caza y acopio heredada del Paleolítico.

Durante la mitad del Neolítico, del 7000 AC al 3500 AC, tomaron forma distintas culturas agrícolas en el curso medio e inferior del Río Amarillo y Río Yangtze. En las excavaciones se encontraron universalmente aldeas pequeñas rodeadas por fosos con casas y tumbas concentradas, el sitio arqueológico Jiangzhai, un yacimiento totalmente descubierto ubicado en Lintong, Shaanxi, es una de ellas. Esta aldea ocupa más de 20.000 m2, en las aberturas del foso se construyeron puestos de vigilancia, rodeado por el foso yacen cerca de 200 casas del mismo periodo, todas mirando hacia la plaza del central, al centro de esta plaza se encuentran cementerios de tumbas compartidas y fuera del foso, se encuentran otros 3 cementerios. Entre las casas y las tumbas no había diferencia lo que representa un sistema social de clanes igualado.

II. El surgimiento de la diferenciación social y la formación de una red comunicativa entre las sociedades altas de distintas regiones

Entre el año 3500 AC y 2300 AC fue el último periodo del Neolítico de China. En el inicio de este periodo, del 3500 AC al 3000 AC, apareció universalmente la diferenciación social en el curso medio e inferior del Río Amarillo y Río Yangtze y a lo largo del Río Liao Occidental. Esta diferenciación se manifestó tanto entre regiones y comunidades como dentro de una comunidad. Surgió el fenómeno de que entre diferentes asentamientos existía una diferencia de decenas hasta centenas de veces en la superficie, en los asentamientos de gran dimensión había construcciones civiles masivas, instalaciones de defensa y cementerios grandes, dentro de estos apareció la división entre cementerios masivos y ordinarios reflejando la aparición de una nobleza perteneciente a la sociedad alta.

Shaanxi y la frontera de Shanxi con Henan fueron los lugares donde se hallaron los yacimientos más concentrados del curso medio del Río Amarillo de esta época, aparecieron varios asentamientos de gran magnitud con superficie que alcanza a 1.000.000 m2, un signo de ser la zona núcleo del desarrollo cultural y social de esta región. El yacimiento Lingjiatan del curso medio del Río Yangtze, ubicado en Hanshan, Anhui, tiene una superficie de 1.100.000 m2 a 1.400.000 m2, en él se descubrió un foso doble junto con cementerios de nobleza. En algunos yacimientos incluso se hallaron ruinas de ciudades antiguas de 100.000 m2 mientras que en Dadiwan, Tai'an, Gansu, se hallaron las primeras casas con rasgos de palacio. En comparación, la superficie de los asentamientos ordinarios de la misma época no sobrepasa los 100.000 m2, no poseían construcciones civiles masivas ni instalaciones, las tumbas sólo tienen el tamaño del cuerpo humano y contenían poquísimos acompañamientos de entierro o a veces nada.

En Linjiatan, provincia de Anhui, Dawenkou, Tai´an, provincia de Shandong y también Niuheliang, Jianping, provincia de Liaoning, aparecieron cementerios con tumbas grandes, gran parte de estas tumbas poseían cámaras espaciosas, ataúdes, abundantes objetos de jade y cerámica como acompañamiento de entierro además de Yue de jade que simboliza poder. Estas tumbas tienen la misma magnitud y estructura, todas llevan ataúdes y aunque existe una diferencia entre los objetos de acompañamiento, la variedad, los objetos que marcan estatus y la fórmula de éstos son sumamente similares. En ellas había hasta ornamentos y armas de lugares lejanos lo cual demuestra que entre regiones y culturas, sobre todo entre la planicie central y la región sureste, la sociedad alta realizaba intercambios íntimos de ideas sociales intentando mejorar su prestigio y estatus social de ese entonces a través de ceremonias y objetos del exterior. Estos fenómenos probablemente era la situación general de las interacciones sociales entre distintas regiones de la época.

III. El surgimiento del estado arcaico y la civilización neolítica

Desde el año 3000 AC al 2300 AC, la Cultura Hongshan a lo largo del Río Liao Occidental comenzó a decaer, a la orilla del curso medio e inferior del Río Amarillo y Río Yangtze se agudizó la diferenciación social ya existente, surgió un grupo de régimen político que se podía considerar como estados arcaicos. Éstos eran de diferentes dimensiones, los estados relativamente grandes tenían una ciudad capital, en muchas de ellas había grandes construcciones públicas como defensas, dentro se encontraban palacio y cementerios de gran magnitud. Los cementerios se dividieron en 3 tipos: grandes, medianos y pequeños, entre los cuales escasean las tumbas grandes reflejando una diferenciación social sumamente severa, incluso en las tumbas grandes del curso inferior aparecieron sacrificios humanos.

Los asentamientos más grandes fueron descubiertos en el curso medio e inferior del Río Yangtze. El conjunto de yacimientos Liangzhu, Yuhang, provincia de Zhejiang contiene más de 140 sitios ocupando 40 km2, en la abertura al norte de la montaña se descubrieron recientemente 11 presas dobles de diferente altura, la más larga alcanza a 5 km de largo formando un sistema hidráulico y cubriendo una superficie de 100 km2 abarcando al conjunto. Al medio de éste se encuentran las ruinas de una ciudad construida con una superficie de 30.000.000 m2, al centro de esta ciudad se encuentra un montículo construido de 600.000 m2 y cerca de 10 m de altura, sobre él hay grupos de ruinas infraestructurales de construcciones masivas y se especula que fueron viviendas de la sociedad alta. Al noroeste de este montículo se desenterró un cementerio con tumbas grandes, la más grande contenía más de 600 objetos de jade y laca con jade incrustado como acompañamiento de entierro. Alrededor de esta ciudad se distribuían centenas de asentamientos pequeños donde yacen cuantiosas construcciones ordinarias y tumbas pequeñas, dentro de las tumbas sólo había escasos objeto de piedra y cerámica. Se estima que hubo decenas de miles de habitantes en el conjunto de yacimientos Liangzhu, la diferenciación social se podía notar claramente a través de las construcciones sobre el montículo y tumbas de gran magnitud. Todos estos fenómenos indican que dicho conjunto fue un nuevo tipo de sociedad la cual puede ser considerada como un "estado arcaico".

Se descubrieron también concentrados conjuntos de asentamientos de diferentes tamaños al norte de la Planicie Jianghan cerca del curso medio del Río Yangtze. Entre estos, el conjunto Shijiahe, ubicado en Tianmen, Hubei, es el más grande ocupando una superficie de 8 km2, las ruinas de la ciudad Shijiahe construida al centro del conjunto tiene una superficie de 1.200.000 m2, el ancho de la base de la muralla que rodea la ciudad alcanza a 100 m y hasta el día de hoy se encuentra a la superficie. Dentro de la ciudad se descubrieron infraestructuras de grandes construcciones, fuera de la ciudad se distribuyen más de 30 asentamientos pequeños de diferentes dimensiones, en éstos se descubrieron ruinas de patios y a su lado tumbas de la misma época. Se han encontrado hasta el momento 15 sitios de ciudades similares a Shijiahe al norte y oeste de la Planicie Jianghan, entre los conjuntos existe una distancia de 10 a 20 km, el territorio de reinado directo de cada conjunto es de decenas hasta centenas de km2 que corresponde a los registros históricos de la antigua China sobre los estados arcaicos. La escala de magnitud y el conflicto entre clases sociales o grupos étnicos que se muestra en las tumbas indican claramente el nivel de desarrollo de estos estados arcaicos marcando la aparición de civilizaciones regionales del curso medio e inferior del Río Amarillo y Río Yangtze del Neolítico.

IV. Formación del sistema mundial en la Edad del Bronce y la aparición de la temprana China

El periodo de las Culturas Erlitou y Longshan entre el año 2300 AC y 1500 AC fue la época temprana de la Edad del Bronce de China y también una época significativa en su historia, incluso en la historia de Asia oriental, formando una China antes y otra después totalmente diferentes. El sistema mundial del Neolítico de China fue de Asia oriental, el centro de civilización de Asia oriental fue a lo largo del curso medio e inferior de los Río Amarillo y Yangtze, posteriormente éste se expandió hacia el noroeste, noreste, suroeste y sur de China provocando una influencia continua a la cultura del centro, noreste y sureste de Asia. Durante este tiempo, la cultura de bronce de Asia Central y estepa eurasiática llegó al noroeste de China, en esta zona se descubrieron universalmente cultivos traídos del oeste del Viejo Mundo como trigo y cebada, ganados como cordero, cabra, buey y caballo, metalurgia principalmente de bronce y diversos implementos de bronce y cabezales de cetro. Así como llegaron a China los cultivos y tecnologías originados del occidente, también hubo casos de una propagación de cultivos de origen chino, como diferentes tipos de mijos, hacia allá. Este cambio indica que durante este periodo, el sistema mundial de la Edad del Bronce del continente eurasiático empezó a tomar forma. Desde entonces, el sistema mundial de China se trasladó a Eurasia, la cultura neolítica anterior empezó a decaer en la zona núcleo, comenzó a brotar una nueva cultura arqueológica en la zona semicircular compuesta por las regiones en contacto con Eurasia como Yanliao, norte, noroeste y suroeste de China, formando posteriormente la nueva estructura de la civilización de la Edad del Bronce en la planicie central.

La mayor transición en la estructura cultural del periodo temprano de la Edad del Bronce de China fue la extinción de los estados arcaicos neolíticos del curso medio e inferior del Río Yangtze junto con la decadencia de su cultura y el surgimiento de la zona semicircular, este último cambió la estructura y relación cultural de la zona núcleo de la anterior cultura neolítica.

Desde el comienzo de la Cultura Longshan, primero se decayeron y se extinguieron sucesivamente los estados arcaicos grandes y pequeños como Liangzhu y Shijiahe del curso medio e inferior del Río Yangtze, luego la Cultura Longshan del curso medio e inferior del Río Amarillo empezó a expandirse hacia el sur llegando a la cuenca del Río Yangtze, apareció una serie de ciudades o ciudades capitales con fosos múltiples que poseían claramente una función defensiva. Durante este periodo fueron muy comunes las flechas, armas y rituales de sacrificio como entierro grupal y entierro vivo, sin embargo, llegando al periodo de la Cultura Erlitou, estas ciudades de la Cultura Longshan también fueron decayéndose y finalmente, las culturas y civilizaciones anteriores del curso medio e inferior de los Ríos Amarillo y Yangtze desaparecieron por completo.

La Cultura Erlitou sólo se mantuvo próspera en las zonas alrededores de la Cuenca de Luoyang al oeste de Henan, ésta apareció junto con sus asentamientos capitales en la zona céntrica de esta cuenca. El yacimiento Erlitou tiene una superficie de 4.000.000 m2, a su centro se encuentra una ciudad imperial de 100.000 m2 rodeada por murallas, dentro de ella se desenterraron infraestructuras de varios palacios masivos. En este yacimiento, se desenterraron una serie de implementos de bronce con características locales de la Edad del Bronce de China como Ding, Jue, He, Yue juto con Yazhang de jade, el radio reinado por la Cultura Erlitou fue el mayor en la historia. Ls eruditos consideran que este yacimiento fue seguramente la capital del primer estado real registrado en las documentaciones antiguas de China: Xia.

La civilización antigua de China floreció nuevamente en el último periodo de la Edad del Bronce entre el año 1500 AC y 800 AC, en otras palabras, la Dinastía Shang y Dinastía Zhou Occidental. La Dinastía Shang fue el primer estado real cuya existencia puede ser comprobada por un sistema desarrollada de escritura. El centro de su reinado está situado al centro y norte de Henan, la ciudad Shang de Zhengzhou descubierta tempranamente posee una superficie de 20 km2 y es rodeada por una muralla doble, una interior y una exterior. El famoso sitio arqueológico, Yin Xu, alcanza una superficie de 30 km2, aquí se descubrió la primera escritura de China la cual testifica que fue la capital del último periodo de la Dinastía Shang. En este sitio se hallaron áreas de palacio y mausoleo imperial de gran magnitud, en estos mausoleos se encuentran las tumbas grandes de los reyes del último periodo de la Dinastía Shang, dentro de ellas se encuentran incontables personas enterradas como acompañamiento de entierro y era usual enterrar periódicamente decenas hasta centenas de personas en los fosos de sacrificio. En esta misma época, los *zhou* que surgieron en Guanzhong, Shaanxi, construyeron tempranamente su estado el cual aniquiló la Dinastía Shang estableciendo la Dinastía Zhou. Se descubrió la palabra "Zhong Guo" (China) en las inscripciones del implemento de bronce "He Zun" del periodo Zhou Occidental, a pesar de que en ese entonces esta palabra significaba centro, según la teoría del profesor Li Ling la Dinastía Zhou Occidental logró ocupar los territorios reinados anteriormente por los Xia y Shang creando la primera "unificación" en la historia china la cual marca el surgimiento de la identidad "China". La región controlada por la Dinastía Zhou se volvió el centro cultural y político de China de los próximos 2.000 años.

从出土文物看汉唐时期东西文化的互动与交融

陕西历史博物馆　刘　芃

在中华文明5000多年的历史上，公元前3世纪至公元3世纪的汉代和公元7世纪至10世纪的唐代是两个非常重要的朝代。国家统一，文化昌明，国力强盛，是汉唐时期的共同特点。人们常常认为中国的汉唐时期东西文化交流频繁，国际声望较强盛，对中国历史产生了巨大影响，同时也对世界文明进程产生了影响，故将它们统称为汉唐盛世。古代东西文化交流研究历来为中外学者所重视，成果汗牛充栋。本文试以出土的若干汉唐时期文物为例结合历史文献，对汉唐时期东西文化的互动与交融做一概述。

一　丝绸

丝绸是中国古代重要的发明创造之一，早在5000多年前，人们就开始蚕桑养殖和缫丝织绸。陕西宝鸡西周墓出土的丝绸印痕（图1）显示了商周时期丝绸的染织刺绣技术已经很成熟了。丝绸是由蚕的蛋白纤维丝组成，表面光滑柔顺，同时又具有透气保湿和防紫外线功能。夏季穿着，可将人体排出的汗水及热量迅速散发，使人感到凉爽无比。正是以上的种种优良性能，使古代亚欧大陆的各国对中国的丝绸趋之若鹜，丝绸的价格堪比黄金，是汉唐时期重要的对外贸易品。因此，19世纪德国人李希霍芬在研究这条连接亚欧大陆2000多年的道路时起名为"丝绸之路"而广为人们所熟知。而长安（今陕西省西安市）在汉、唐时

期为全国政治、经济、文化的中心，自然成为当时的丝绸集中之地、丝绸之路的起点。

公元前139年，汉武帝派遣张骞带领100多人出使西域，这是第一次有官方记载的古代中国与中亚、西亚，以至欧洲进行直接交往并建立起密切联系。其意义在于通过"丝绸之路"使中华文明传播到世界各地，也使西方的国家第一次知道了中国。当时的罗马帝国称古代中国为"赛里斯"（Seres），即是"丝绸"的意思。

"丝绸之路"开通后，繁荣的贸易刺激了汉代蚕桑养殖业和丝绸纺织业的发展。

为适应丝路沿线各国的需求和喜好，丝绸的图案在承继中国传统风格的前提下，从西亚、中亚的装饰艺术中汲取了大量的营养，形成明显的东西文

图1　丝绸印痕

化结合的装饰纹样，因此，汉唐丝绸的图案形式丰富多样，其中尤以五彩缤纷的联珠对鸟纹、花卉团窠为骨架填以主题纹样的图案，最能反映雍容富贵的盛世面貌（图2、3）。张骞"凿空"丝路之前，西域各国没有蚕丝纺织技术，也不懂得冶炼铸造铁器。随着丝路开通，汉代的使臣和随行的工匠把这些技术传了过去。中国蚕丝和冶铁术的西进，对促进人类文明的发展贡献很大。

二 马

马在中国古代社会生活中，尤其是军事上占有相当重要的地位。优良的马匹则成为汉唐时期东西方交流中引进的重要物种。汉代建立初期，因自秦末以来连年战争，人力、物力资源匮乏。尤其是马匹，据史书记载汉高祖刘邦乘坐的马车，都无法找到四匹毛色一样的马。当时西域有所谓的"天马"，丝路的开通使汉武帝有了到西域大宛国（今乌兹别克斯坦）求寻"天马"、"西极马"等优良马种的举措。最终汉武帝取得了成功，经过多年努力，达到了"众庶街巷有马，阡陌之间成群"。从而得以组建强大的骑兵部队，汉武帝时期的军事策略也由初期的防御转为进攻，史书记载汉武帝讨伐匈奴时，一次就组织10多万骑兵出击。出土于汉武帝茂陵陪葬墓的鎏金铜马（图4）就是这一历史的见证。这只鎏金铜马应是汉代所谓的"马式"，即作为选择良马的标准模本。

到了唐代，养马、驯马更成为一种马文化。流行于盛唐时期的"打马球"和"舞马"即是其中的代表。马球发源于古波斯，其后传入中国。唐朝的19位皇帝有11位爱打马球，其中唐玄宗等皇帝的球技还很高超。在皇帝的倡导下，马球运动很快得以盛行。关于马球运动的出土文物屡见不鲜。陕西省临潼区关山出土彩绘打马球俑（图5），表现的就是两位骑手头扎幞头，伏身马背，双膝紧夹马身，马四腿腾空疾驰。俑左手持缰，右手似挥球杖，做打马球状。

与汉代相比，唐代的人们更喜爱引进西域诸国的

图2 联珠对鸟纹锦

图3 花鸟纹锦

优良马种。据记载，唐代引进优良品种达80种以上，这在中国古代历史上是绝无仅有的。唐代皇家宫廷往往从中挑选出最为优秀的马匹进行驯养调教，以便在节日及招待外国使臣的宴会上进行舞马表演。唐代著名宰相、文学家张说在《舞马词》中就生动地描述了舞马献寿的情景"屈膝衔杯赴节，倾心献寿无疆"。

西安市南郊何家村唐代窖藏出土的鎏金舞马衔杯银壶（图6）生动地表现了唐代宫廷中"舞马"曲终衔杯祝寿的场景。壶腹两面以模压的方法分别捶击出两匹奋首鼓尾、衔杯匐拜的舞马形象。马通体鎏金凸起于银壶表面，具有一定的立体感，显得十分华美。

三　琉璃器、金银器、玉器

盛唐的社会风气是"尚新求奇"。随着中外文化交流的大规模开展，大批外国工匠来华，带来惊世绝技。西亚和中亚等地外来金银器、琉璃器、玉器深受皇宫贵族的喜好。独特的艺术风格和工艺技术使中国

工匠在诧异赞叹之余大开眼界，他们以唐人特有的心胸气度诚恳学习、虚心求教，终于使自己的工艺品在融会贯通的基础上发展进步，并进而达到一种飞跃。在唐代自产器物的形制和纹样上可以明显看到中亚粟特、西亚萨珊和地中海沿岸东罗马等地的影响。陕西省西安市何家村唐代窖藏和扶风法门寺地宫等出土的金银器、琉璃器及玉石器则是这方面典型的代表。如何家村出土的鎏金仕女狩猎纹八瓣银杯（图7、8），其造型源自粟特（中亚）地区，是典型的仿粟特器物。造型虽取自粟特器形，仕女游乐与狩猎装饰图案却是典型的唐代本土题材。初看是外来器物，细看又是纯粹的唐风，可谓中西合璧。

图4　鎏金铜马

图6　鎏金舞马衔杯银壶

图5　彩绘打马球俑

何家村的琉璃器中，有一件凸圈纹琉璃杯（图9、10），透明度较高，杯体的颜色略泛黄绿色，杯腹的圆环纹饰采用的是粘贴琉璃条技术，装饰出来的效果呈凸起的网格状。粘贴琉璃条作为装饰早在罗马琉璃器皿中就已经出现。萨珊时代的琉璃工匠将这一技术继承并发扬光大。中国古代的琉璃制造工业并不发达，唐朝以前出土的琉璃器皿大多是外域的输入品。这件凸圈纹琉璃杯的造型在唐朝器皿中极为少见，它无疑是外来输入品。

这些工艺品集多种文化因素于一身，充分展示了唐代社会的开放和文化的多元性以及外来文化与中国传统文化相融合的过程。

四　音乐舞蹈及绘画

汉代时期西域音乐和乐器初传中原，到了唐代，西域各国的乐师舞伎随着丝路商团纷纷前往长安，西域乐舞已成为唐人的普遍爱好，从而推动了唐代长安乐舞的繁荣发展。当时最为流行的《霓裳羽衣曲》、《凉州曲》、《柘枝曲》等皆为西域舞曲，即所谓的"胡部新声"。而西域的一批乐器也因胡乐的流行，在长安受到欢迎和普及，其中影响较大的有琵琶、箜篌、觱篥等。西安西郊中堡村出土的三彩骆驼上的乐伎俑就反映了这一历史现象（图11），乐舞俑人数多达8人，阵容庞大、乐器齐全，虽是唐人在乐舞，但其表现的乐舞场景则仍体现着浓郁的异域情调，反映了盛唐时期长安乐师对西域乐曲融合吸收并创新的结果。

中国古代绘画以线条为主。起初不事晕染，汉代才在人物面部两颊晕染红色，以表现面部的色泽，虽然有一定的立体感，但不强。源自印度的凹凸画法在通过佛教传播过程中，先后经过西域的于阗国和敦煌传入，极大地影响了当时中国的绘画面貌和艺术格局，是中古时代东西方文明相遇的结果。在西安市长安区出土的唐代韦洞墓出土的壁画高髻仕女图（图12）中也可以看到这种技法。画面反映了盛唐时期人们由瘦削清俊转而追求体态丰腴审美趣味的变化外，

图7　鎏金仕女狩猎纹八瓣银杯

图8　鎏金仕女狩猎纹八瓣银杯局部

更重要的是在绘画技法上的转变。这幅画就是明显受西域画风的影响。

此后唐代绘画艺术又影响到西方艺术，据唐代杜环所撰《经行记》记载，他在当时的大食国（古代阿拉伯帝国，今伊拉克）阿拔斯王朝的大城市里，发现那里已有来自中国的画家，还目睹一些中国画家及纺织技术人员在当地工作，例如京兆人樊淑、刘泚为"汉

图9 凸圈纹琉璃杯

图10 凸圈纹琉璃杯器底

图11 三彩载乐伎骆驼俑

图12 高髻仕女图（韦洞墓）

匠起作画者"，河东人乐阗、吕礼为"织络者"。

经过漫长的交流与融合，到了盛唐时期，经济、文化等方面的发展达到中国古代社会前所未有的高峰。它以兼容并包的广阔胸怀，吸收融会各种外来文化，并以长安为舞台展示、演绎盛唐之音，又经陆地、海上的丝绸之路传向世界各地，从而吸引着世界各地无数的人们来这里寻求知识、寻求信仰、寻求财富、寻求梦想……

汉唐时期东西方密切的联系和交流，给双方带来新的生产技术和文化的融合。促进了人类历史的发展进程。它直到今天还有着现实意义。正如中国国家主席习近平在巴黎联合国教科文组织总部所发表的演讲所说："文明因交流而多彩，文明因互鉴而丰富。文明交流互鉴，是推动人类文明进步和世界和平发展的重要动力。"

UNA VISIÓN SOBRE LA INTERACCIÓN E INTEGRACIÓN CULTURAL ENTRE EL ORIENTE Y OCCIDENTE EN LAS DINASTÍAS HAN Y TANG BASADA EN LAS RELIQUIAS CULTURALES DESENTERRADAS
THE INTERACTION AND INTEGRATION OF EASTERN AND WESTERN CULTURES DURING THE HAN AND TANG DYNASTIES SEEN FROM UNEARTHED CULTURAL RELICS

Liu Peng   Museo de Historia de Shaanxi

La Dinastía Tang (del siglo III AC al siglo III DC) y la Dinastía Song (del siglo VII al siglo X) fueron dos dinastías sumamente significativas en los 5.000 años de historia de la civilización china, ambas dinastías compartían las características como la unificación, prosperidad cultural y gran fortaleza nacional. Se suele especular que durante las Dinastías Han y Tang hubo un intercambio frecuente y activa entre el oriente y occidente, ambas poseían un alto prestigio internacional dejando un tremendo impacto en la historia del país y al mismo tiempo en el desarrollo de la civilización mundial, por estas razones, juntas son llamadas la era próspera Han y Tang. A lo largo de la historia, ambos eruditos chinos y extranjeros han puesto gran atención a los estudios sobre el intercambio cultural que hubo entre el antiguo oriente y occidente obteniendo grandes logros. Este artículo tratará de epilogar la interacción e integración cultural entre el oriente y occidente en las Dinastías Han y Tang tomando ciertas reliquias culturales desenterradas de esta época como ejemplo y complementando con documentaciones históricas.

I. La seda

La seda es una de las invenciones importantes de la antigua China, más de 5.000 años atrás, la gente ya criaban gusanos y morales y realizaban hilatura y tejido de seda. Las marcas de seda (Imagen 1) desenterradas de la Tumba de Zhou Occidental, ubicada en Baoji, Shaanxi, demuestra que en las Dinastías Shang y Zhou, las técnicas de teñido, tejido y bordado de seda ya estaban bastante desarrolladas. La seda es compuesta por las fibras proteícas producidas por los gusanos de seda, posee una textura lisa y suave, además de ser transpirable, mantiene la humedad y protege la piel contra los rayos UV, en el verano ayuda a disipar el sudor y calor produciendo una rica sensación refrescante, por estas excelentes cualidades, la seda fue muy apreciada y demandada por los países de Eurasia, su precio llegó a compararse con el del oro y se convirtió en un producto de exportación importante de la época, por esta razón, el geógrafo alemán, Richthofen, llamó la ruta que conectó Eurasia por más de 2 milenios "Ruta de Seda" en sus estudios la cual fue reconocida mundialmente, es así que el centro nacional político, económico y cultural de las Dinastías Han y Tang, Chang'an (llamada Xi'an actualmente, provincia Shaanxi), se convirtió naturalmente en el lugar de concentración de la seda y punto de inicio de esta ruta.

En el año 139 AC, el Emperador Han Wu Di de la Dinastía Han envió a Zhang Qian liderando una centena de personas a las Regiones Occidentales, esta fue la primera interacción y establecimiento de una relación cercana entre la antigua China y Asia Central, Asia Occidental e incluso Europa con registro oficial, su fin era divulgar la civilización china al mundo a través de la "Ruta de Seda" logrando que los países occidentales se enteraran de China por primera vez. El Imperio Romano en ese entonces llamaba a la antigua China "Seres" que significa "seda".

Después de inaugurar la "Ruta de Seda", el comercio floreciente estimuló la sericultura, crianza de moral e industria textil de seda de la Dinastía Han.

Para adaptarse a las necesidades y gustos de los países a lo largo de esta ruta, surgió una fuerte fusión entre la cultura oriental y occidental en los diseños y patrones de los textiles de seda. Los diseños de seda incorporaron ricos elementos del arte decorativo de Asia Occidental y Central en la base del estilo tradicional chino, debido a esto, existió una gran variedad de diseño en la seda Han y Tang, su prosperidad y elegancia se reflejan especialmente en los diseños Patrón de Pareja de Pájaro con Perlas y Patrón Circular de Flores enmarcando diseños temáticos. (Imagen 2 y 3) Antes de que Zhang Qian abriera la Ruta de Seda, los países de las Regiones Occidentales no manejaban la tecnología de tejido de seda ni la metalurgia para fundir implementos de hierro, a medida que ésta se fue abriendo los oficiales y artífices llegaron juntos con estas tecnologías a aquellos lugares. El rumbo de la seda china y metalurgia de hierro al occidente resultó una contribución considerable al progreso de la civilización humana.

II. El Caballo

El caballo ocupaba un rol significativo en la vida social, especialmente en los asuntos militares de la antigua China por lo que los caballos de buena calidad fueron una especie trascendental de importación en el intercambio entre el oriente y occidente de las Dinastías Han y Tang. Al principio de la Dinastía Tang, debido a las guerras continuas desde el final de la Dinastía Qin, existía una gran falta en los recursos humanos y recursos materiales, la falta de los caballo era tan severa que según los registros históricos, fue imposible encontrar 4 caballos del mismo color para la carroza del primer emperador de la Dinastía Han (Han Gao Zu), Liu Bang. En este periodo existían los supuestos "caballos celestiales" en las Regiones Occidentales, la apertura de la Ruta de Seda permitió al Emperador Han Wu Di ir en busca de estos "caballos celestiales" y "caballos Xiji" al país Da Wan Guo (actualmente Uzbekistán) pudiendo encontrarlos al final satisfactoriamente. Después de años de esfuerzo, el Emperador Han Wu Di logró el fenómeno descrito en un poema: "caballos circulando en las calles del pueblo y abundando en los campos", pudiendo formar una caballería competente lo cual transformó su estrategia militar defensiva a una estrategia de ataque durante su reinado. Se registra en las documentaciones históricas que el emperador Han Wu Di organizó una vez una caballería de más de 100.000 personas y caballos para la expedición a los *xiongnu*. Se estima que el *Caballo de Bronce Dorado* (imagen 4), desenterrado del foso de acompañamiento en el mausoleo del emperador Han Wu Di, fue el modelo estándar para seleccionar caballos de buena raza el cual corrobora este acontecimiento histórico.

Llegando a la Dinastía Tang, la crianza y domesticación de caballo evolucionó en una cultura. El polo y la danza de caballo, actividades populares de este periodo, son la representación de esta cultura. El polo es originado de la antigua Persia y fue divulgado posteriormente a China, entre los 19 emperadores de la Dinastía Tang, 11 eran aficionados del polo, entre ellos el emperador Tang Xuan Zong lo practicaba con maestría, bajo la promoción del emperador este deporte se popularizó rápidamente. Entre las reliquias desenterradas abundan obras relacionadas con el polo, *las Figuras para Acompañamiento de Entierro de Cerámica Pintada con Diseño de Polo* (imagen 5), desenterrada de Guanshan, distrito de Lintong, Shaanxi, presentan a dos personas con un pañuelo en sus cabezas sobre dos caballos, ambos se afirman con las piernas cuando los caballos galopan a gran velocidad, con las riendas en su mano izquierda y un palo en la mano derecha muestran la postura en la cual se practica el polo.

En comparación con la Dinastía Han, el pueblo Tang mostraban una preferencia aún mayor a los caballos de raza importados de las Regiones Occidentales. Según los registros, se importaron más de 80 razas buenas en la Dinastía Tang, un caso único en la historia de la antigua China. La Corte Imperial Tang seleccionaba a los mejores caballos los cuales eran domesticados y entrenados para luego presentar la danza de caballo en los banquetes de atención a los oficiales extranjeros. El famoso primer ministro y literato de la Dinastía Tang, Zhang Yue, describió vívidamente en su poesía *Danza de caballo* esta escena: el caballo se inclina hacia adelante llevando un vaso de licor con su boca, deseando longevidad al emperador. *La Jarra de Plata Dorada con Forma de Bolso de Cuero, Decorada con Cuadro de Danza de Caballo* (imagen 6), desenterrada de los sótanos Tang en la aldea Hejia, suburbio sur de Xi'an, también presenta vívidamente la misma escena en el Palacio Tang realizada al final de una canción. En ambos lados de la jarra se encuentra la figura repujada de un caballo energético sentado con un vaso en su boca, estos caballos está completamente dorado sobresaliendo de la superficie de la jarra mostrando un aspecto tridimensional y resplandeciente.

III. Los implementos de vidrio, plata, oro y jade

Durante la era próspera de la Dinastía Tang, una atmósfera de curiosidad y admiración sobre cosas innovadoras y exclusivas reinaba en la sociedad. A medida que la comunicación cultural entre China y el extranjero se fue desplegando de forma masiva, abundantes artesanos de diversos países llegaron a China trayendo con ellos artesanías sorprendentes. Los implementos de oro, plata y cerámica pintada procedentes de Asia occidental y Asia Central ganaron el aprecio de la realeza y nobleza, su estilo artístico y artesanía abrieron el horizonte de los artesanos chinos, impresionados por su exclusividad. Con la cualidad destacada de la Dinastía Tang, una actitud inclusiva y abierta, ellos aprendían con modestia y curiosidad y así, desarrollaron sus artesanías con maestría y virtuosismo obteniendo un progreso inédito y significativo. En el diseño y decoración de los implementos elaborados de esta dinastía se puede notar claramente influencias de la Sogdiana de Asia Central, el Imperio Sasánida de Asia Occidental y las regiones a la costa del Mar Mediterráneo como el Imperio Romano Oriental. Los implementos de oro, plata, vidrio y jade desenterrados de los sótanos Tang en la aldea Hejia, Xi'an, Shaanxi y el palacio subterráneo del Templo Famen en la aldea Fufeng, son representaciones de este fenómeno. Por ejemplo, *el Vaso de Plata Dorada con Diseño de Ocho Pétalos Decorado con Cuadro de Mujer Bella de Cacería* (imagen 7), reliquia desenterrada de la aldea Hejia, es una obra típica que imita el estilo sogdiano, posee una forma originada de la región Sogdiana (Asia Central), sin embargo, el cuadro decorativo de una mujer bella de paseo y cacería es una temática típica nativa de la Dinastía Tang, contemplándolo de lejos parece ser un implemento extranjero, observándolo de cerca se aprecia un fuerte estilo Tang, juntos forman una fusión fascinante entre el oriente y occidente.

Entre los implementos de vidrio de la aldea Hejia, se encuentra el *Vaso de Vidrio Decorado con Círculos Convexos* (imagen 8), posee una alta transparencia y un color entre verde y amarillo en su cuerpo, en la decoración de los círculos se empleó la técnica de adhesión de tiras de vidrio y presenta el efecto de una red con relieve. Esta técnica apareció tempranamente en los recipientes de vidrio romanos como decoración, fue heredada y popularizada por los artesanos de la Era Sasánida. En la antigua China no existía una industria desarrollada de elaboración de vidrio, los recipientes anteriores a la Dinastía Tang fueron mayormente importaciones. El diseño de este *vaso de vidrio decorado con círculos convexos* es sumamente escaso entre los recipientes de la misma época por lo que no cabe en duda que es una pieza importada.

Estas obras compilan elementos de varias culturas como la plena demostración de la postura abierta y el pluralismo cultural de la Dinastía Tang, al mismo tiempo también son la manifestación del proceso de integración entre la cultura extranjera y la cultura tradicional china.

IV. La música, danza y pintura

En la Dinastía Han, la música y los instrumentos musicales de las Regiones Occidentales fueron trasmitidos por primera vez a la planicie central, llegando a la Dinastía Tang, los músicos y bailarines de estos países viajaban uno tras otro con las caravanas por la Ruta de Seda llegando a Chang'an, en ese entonces, la música y la danza de estas regiones se había convertido en una afición universal entre los Tang estimulando su desarrollo dinámico en Chang'an. Los temas más populares de la época *El vestido de arco iris y pluma Liang Zhou* y *Zhe Zhi* fueron música de danza de las Regiones Occidentales conocida como "el nuevo sonido de Hu". Algunos instrumentos musicales de estas regiones fueron bien recibidos y divulgados en Chang'an debido a la popularización de la Música Hu, entre estos está el Pi Pa (instrumento de cuerda), Kong Hou (arpa china) y Bi Li (flauta). La *Figura de Músicos sobre Camello de Cerámica Sancai* (imagen 9), desenterrada de la aldea Zhongbao, suburbio occidental de Xi'an, es la muestra de este fenómeno histórico. La cantidad de músicos y bailarines en esta pieza alcanza los 8, una magnitud y variedad de instrumentos considerable, aunque los que tocan y bailan son personas nativas de Tang, se aprecia en la escena un fuerte estilo de las regiones exteriores, reflejando la integración e innovación con la música de la Regiones Occidentales por los músico de Chang'an durante la Dinastía Tang.

La pintura de la antigua China consiste principalmente en líneas simples sin aplicar colores, en la Dinastía Han se empezó a pintar rubor en las mejillas de los personajes que presenta su tez lo cual otorgó un aspecto tridimensional sumamente leve. Durante la divulgación del budismo, una técnica de pintura con efecto cóncavo y convexo, originada en India, llegó a China pasando por el Reino de Jotán y Dunhuang, ésta produjo un gran impacto en los aspectos de pintura y la estructura artística china de la época, un fruto del encuentro entre la cultura oriental y la cultura occidental en los tiempos antiguos. Esta técnica puede ser apreciada en el *Mural de Mujer Bella con Peinado Alto* (imagen 10), desenterrado de la tumba Weijiong de la Dinastía Tang, ubicada en el distrito Chang'an, Xi'an. Esta obra demuestra no sólo una transición en la preferencia de una contextura fina a una contextura opulenta, sino también un cambio en las técnicas de pintura, una representación clara de

la influencia de las Regiones Occidentales en la pintura china.

Posteriormente en la Dinastía Tang, el arte de pintura fue influenciada nuevamente por el arte occidental. Según lo que narró Du Huan en su libro *Jing Xing Ji* , él se encontró con pintores chinos en las grandes ciudades del Imperio Árabe (actual Iraq) en Califato Abasí, también fue testigo de pintores chinos y técnicos de tejido trabajando en el lugar como por ejemplo los pintores Fan Shu y Liu Ci procedentes de Jingzhao, y los técnicos de tejido Yue Huan y Lü Li procedentes de Hedong.

Llegando a la era más próspera de la Dinastía Tang y después de una larga interacción e integración, la economía y cultura, entre otros aspectos, se desarrollaron a un nivel inédito entre las sociedades antiguas de China. Con una actitud abierta, tolerante e inclusiva incorporó diversas culturas extranjeras usando Chang'an como el escenario de esta prosperidad, además, logró presentarse al mundo a través de la Ruta de Seda Terrestre y Marítima, atrayendo incontables personas de diversos lugares a encontrar conocimiento, creencia, riqueza y sueño en esta ciudad.

La comunicación dinámica y el intercambio cercano entre la cultura oriental y la cultura occidental de las Dinastía Han y Tang aportaron nuevas tecnologías productivas e integración cultural, fomentaron además el avance de la historia de la humanidad obsequiando una importancia práctica hasta le día de hoy. Tal como mencionó el presidente de China, Xi Jinping, en su discurso dirigido en la Casa de la Unesco en Paris: "La civilización se vuelve más rica y diversa con el intercambio y la referencia mutua, asimismo, tanto el intercambio como la referencia mutua son la fuerza fundamental para estimular el progreso de la humanidad y el desarrollo pacífico del mundo entero."

人类用玉的历史与文化简述

故宫博物院　赵桂玲

一　玉石制品在世界各地的出现

据考古资料表明，人类使用玉的历史可追溯到史前。玉器文化源于人类以美石加工成饰物，玉石饰物的前身是骨饰。人类史上最早拥有饰物的是38000年前的尼安德特人（Neanderthal Man）。在法国La Quina遗址曾发现以动物的牙和肢骨制成的坠饰。距今33000~18000年，在欧洲和亚洲均发现较多的饰物，除以动物的骨骼、贝壳和鸵鸟蛋皮等加工外，煤精、玉石类的矿物等相继登场。综观距今30000~10000年，从欧洲、西伯利亚、中国华北以至日本北部的范围，人类可能已采用软玉、硬玉、蛇纹岩、橄榄石、方解石等矿物制作珠和坠饰。考古学家相信这些美石加工的饰物，不仅用于人体的装饰，更包含有宗教的意义。旧石器时代玉石饰是人类对威望、技艺、平安及美感追求的表现。而且，旧石器时代人类饰物的分配，很可能是基于某种社会身份的继承。

综上所述，晚期旧石器文化的第一幕，地球上的东西方之间，不排除存在过文化上交流的可能性。

二　东亚地区的玉文化

近年涌现的大量考古新资料表明，新石器时代以来，东亚玉文化是世界玉器使用和制造的核心。西伯利亚Glazkovskay文化出土有别具特色的圆角方形的璧饰。Glazkovskay文化圆角方形璧穿孔手法与红山文化勾云形佩穿孔手法一致。中国东北地区红山文化三孔和双孔璧，在华北大汶口文化及江淮地区青墩、营盘山等地均有发现。长江流域良渚玉文化之力量，北抵山东、山西和陕西，南部直达珠江口香港屯门的涌浪遗址。涌浪出土竖宽玉镯及斜刃钺，是良渚玉器之余风。长江中游湖北石家河文化的玉鹰和玉虎，在华北陕西地区都有发现。香港大湾发现的牙璋，结合越南冯原文化发现的牙璋、圆形钺和玉戈等资料，显示出在商文化影响下玉器制作技术与礼制之扩散。台湾卑南文化甚有特色的人兽饰与山东泰安市龙门口出土玉龙凤人形饰结构十分近似。另外韩日之间的玉文化，东亚大陆与岛屿间的玉文化也有着千丝万缕的联系。

以玦饰为例。玦是一种有缺口的饰物，通常用作耳饰。按现今考古所见，从史前开始，在东亚玉器文化中，玦是最广泛分布的一种装饰品，表现出东亚人对人体耳部特殊的癖好，不同于非洲原始民族的唇癖好等。翻开亚洲地图，东亚大陆从俄罗斯西伯利亚以南，经中国东北三省、朝鲜半岛、华北和华南以至印支半岛以南，西至印度半岛的东面，岛屿上由日本北海道至九州，中国台湾和菲律宾，南部最远可达爪哇及新几内亚，即由东亚北纬60度至赤道以南的爪哇群岛，都出土有玦饰。据现今考古的发现所知，玦饰很可能是起源于东亚的北部，其后在东亚大陆由北而南徐徐扩散，又由东亚大陆自西而东向沿海的岛屿流传。

在7000年前或更早的阶段，东北亚大陆至日本北海道的范围，已存在着相当发达的玦文化。约6000年前开始，东亚大陆南部长江流域的文化遗址，出土数量很多的玦饰。华南珠江流域，目前已知最早的玦饰距今4500~4000年。珠江流域的玦饰，估计来源于长江流域。大约公元1世纪，东南亚的越南、老挝、柬埔寨以至泰国等地，玦饰已相当流行。在东南亚的岛屿上，菲律宾列岛的有角玦饰较流行，明显是受印支半岛玦文化的强烈影响的产物。台湾的卑南文化流行的四突起玦，很可能是来源于菲律宾。朝鲜半岛地区出土有玦饰，一件玦饰年代相当于公元前3世纪左右。据研究，此玦饰很可能来源于日本南部。以上东亚地区从新石器时代到金属时代，已形成一种泛东亚大陆与岛屿的玦饰文化，是东亚玉器文化的系络一种最具代表性的器物。

三 东亚地区以外的玉器制作

东亚地区以外的玉器制作如中美洲印第安人及新西兰毛利人，都有较突出的表现。其中印第安人的奥尔梅克、玛雅与阿兹台克均是中美洲玉器文化的代表。印第安人对翡翠硬玉之珍重仅次于人的生命。从公元前13世纪开始到16世纪西班牙人抵达的3000多年间，印第安人以高超的技术制作了大量的神像、象牲玉装饰品等。其中若干玉器的精致程度，可以与中国同期商周玉器相媲美。由于空间上相隔了半个地球，中美洲与东亚玉器文化的相互关系探索当然是很困难的问题。最近有不少学者如Fred Ward与茅原一也先后指出两者之间一些相似之处。另外中美洲的树皮布纸是源于东南亚岛屿及东亚大陆，这也可能反映了中美洲与东亚玉器文化关系的交流通道。

欧洲在新石器时代也是世界玉器文化中心之一。5000多年前，从英伦列岛到德国的莱茵兰，均出土硬玉制精品的玉斧；自瑞士到捷克则发现大量软玉制的斧。毫无疑问，欧洲新石器时代玉斧并非实用的器物，而

是权力与威望的象征。除玉斧外，在Brittany的Mane-er-Hroek遗址发现一些玉环饰，类型单调。欧洲进入青铜器时代之后，玉文化消失，完全让位于黄金文化。从此，在人类历史上从欧洲、尼罗河谷地、西南亚以至印度的广大地域，奉黄金为尊，东亚大陆则以玉为极品。迄20世纪，金玉二者分别为东西方人类物质文化最高的代表。

四 中国玉文化

中国是世界上用玉最早的国家之一，至今已有7000年的历史。因为中国玉的产地分布较广，所以玉在中国便成为最普及的珍贵装饰品。又因为玉的质地高雅光洁，故而被赋予了神圣的色彩，作为吉祥或权力的象征，赢得了历代王公贵族和平民百姓的喜爱。中国玉雕工艺精湛，在世界上久负盛名。几千年来或出土或传世的玉器，数量之多，品种之繁，可谓举世无双。

中国玉雕工艺始于新石器时代，成熟于商周，兴盛于宋元，明清时则集历代之大成。在中国古代，玉这一概念所涵盖的范围较广，包括所有美丽的石头。西周成立（约公元前11世纪）以后，有关玉的分类逐步精细，除玉之外的其他美丽的石头也就有了各自的名称，如水晶、玛瑙、绿松石等。最初，玉、石基本不分，所谓玉雕大都是一些较坚硬的石制品，器形以斧、铲、刀等生产工具为主。在原始美感的驱使下，首先将其制作成装饰物。大约在6000年前开始的红山文化、良渚文化中，玉器超脱出原始美感，逐渐与原始宗教、图腾崇拜等相结合，成为信仰、权力、地位等观念的形象体现，逐渐与中国的宗教、政治、文化、经济等紧密相联、息息相关。

商周时期（公元前16~前8世纪），由于青铜工具的广泛运用，玉石制品也就有了较多机会向工艺品方面发展，于是也就出现了许多新器形和新纹饰，如祭天的玉璧、祭地的玉琮、传达王令的玉圭、封官拜爵的玉佩等，使玉具有了礼器方面的意义。另外还出现了大量的玉象牲器，如猪、牛、羊、龟、鱼、鸟、蝉等，反映了

当时社会生活的一部分。工艺有了较大提高，纹饰也渐趋丰富。

春秋战国时期（公元前8~前3世纪），封建社会关系开始确立，生产力有了更大的发展。新兴贵族为了攀比和贪图享受，对玉器的制作提出了更高的要求。其具体表现为生活用品方面的玉器在种类和数量上都开始增多，如璜、璧、瑗、环、剑饰以及各种玉象牲佩饰等。这些玉器或整雕，或作为器物上的饰件，工艺上精雕细琢，图案新颖活泼，半浮雕、透雕广为运用，在艺术上取得了较高的成就。

秦汉至唐时期（公元前3~10世纪），玉雕工艺基本上按春秋战国时打下的基础继续发展，因少有创新，所以发展显得相对缓慢。本阶段较有特点的是汉代流行的玉衣及唐代具有异域风格的作品。

宋元时期（10~14世纪）是中国玉雕工艺大发展的时期，制玉工艺也有了本质的飞跃，仿古玉器开始盛行。宋代宫廷专门设有"玉院"，浅磨深琢，浮雕圆刻，为皇家提供各种御用玉器。元代开国元勋忽必烈在开国大典时宴请四方宾客的"渎山大玉海"，造型雄伟浑厚，气势壮观，外壁还雕满了海兽和飞禽。

明清时期（14~20世纪初）玉雕工艺更为普及，能工巧匠甚多。如明代的琢玉大师陆子刚，被称为"上下百年，保无敌手"。陆子刚如此，其前必有师教，其后必有垂范，由此可见明代玉雕业的发展规模和水平。清代制玉工艺更是集历代之大成，玉雕作品不仅形态逼真、工艺（浅刻、浮雕、圆琢、隐起、镂空、俏色）精湛，而且用料更是考究，非其他朝代能比。此外，清代宫廷里藏贮的玉器也很多，包括历代王朝留下的传世品及臣下的供品、清宫造办处的制品，都很有代表性。

以上历代玉雕珍品，记载了中国各个历史发展时期的思想、文化和生产力的发展状况，是一笔珍贵的历史和艺术财富，同时也是人类文明的宝贵文化遗产。

DOS CULTURAS UNIDAS
POR EL MISMO OCÉANO

RESUMEN DE LA HISTORIA Y CULTURA DEL USO DE JADE DE LA HUMANIDAD
BRIEF INTRODUCTION TO THE HISTORY AND CULTURE OF JADE IN HUMAN SOCIETIES

Zhao Guiling, Museo del Palacio

I. La aparición de productos de jade en diversas partes del mundo

Según los materiales arqueológicos, la historia del uso de jade comenzó en la era prehistórica, la cultura de jade se originó de los ornamentos elaborados de piedras bonitas, previamente éstos eran hecho de huesos. En la historia de la humanidad, los primeros ornamentos pertenecían a los hombres de Neandertal 38.000 años atrás, en el yacimiento prehistórico de La Quina, Francia, se descubrió que usaban los dientes y huesos animales como pendientes decorativos. Tanto en Europa como en Asia se han descubierto abundantes ornamentos de 33.000 a 18.000 años atrás, éstos eran hechos no sólo de hueso, concha y cáscara de huevo de avestruz sino también de minerales como el azabache y jade. Cerca de 30.000 a 10.000 años antes, en zonas como Europa, Siberia, norte de China y Japón, el hombre ya elaboraba perlas y pendientes con nefrita, jade, serpentinita, fayalita y calcita, etc. Los arqueólogos creen que estos ornamentos de piedras bonitas además de ser usados para adornar el cuerpo, seguramente tenían un significado religioso. En el Paleolítico, los ornamentos de jade representaban el anhelo del hombre al prestigio, talento, paz y belleza, además, la distribución de ornamentos para el hombre de tal época probablemente se relacionaba más con la herencia de un estatus social que con la creatividad y esfuerzo del individuo.

En conclusión a lo mencionado anteriormente, no se descarta la posibilidad de haber existido un intercambio cultural entre el oriente y el occidente de la Tierra durante el primer capítulo del último periodo de la cultura paleolítica.

II. La cultura de jade en Asia oriental

Los materiales arqueológicos que aparecieron en abundancia en los últimos años muestran que desde el Neolítico, la cultura de jade de Asia oriental fue el núcleo del uso y producción mundial de objetos de jade. Los objetos desenterrados de la Cultura Glazkovskay, Siberia, se caracteriza por su forma cuadrada con puntas redondas y el método de perforación que es igual al pendiente con diseño de nube de la Cultura Hongshan. Los □ de 2 y 3 orificios de la Cultura Hongshan del noreste de China han sido encontrados no sólo en la Cultura Dawenkou del norte, sino también en Qingdun y la Montaña Yingpanshan cerca del Río Yangtze y Río Huai. La influencia de la cultura de jade Liangzhu, la cual se encuentra a lo largo del Río Yangtze, llegó hacia el norte a Shandong, Shanxi y Shaanxi y hacia el sur, al yacimiento Yonglang situado a la desembocadura del Río de las perlas, Tuen Mun, Hong Kong, el brazalete ancho de jade y Yue con filo oblicuo desenterrado en Yonglang llevan el estilo de los objetos de jade Liangzhu. El águila y tigre de jade de la Cultura Shijiahe, ubicada en el curso medio del Río Yangtze, también aparecieron en el norte de China, Shaanxi. El Yazhang (implemento ritual) descubierto en Dawan, Hong Kong, junto con el Yazhang, Yue (implemento ritual) circular y Ge (arma) de jade perteneciente a la Cultura Fengyuan de Vietnam demuestran la expansión de las técnicas productivas y etiquetas del jade bajo la influencia de la Cultura Shang. Desde la costa de Tailandia, pasando por Sa Huynh, Vietnam y Duyong, Filipinas, hasta la Isla Lanyu, Taiwan, se han desenterrado Jue (implemento riutal) de doble cabezal con diseño animal. Las características en el diseño y decoración del ornamento con diseño de bestia y humano procedente de la Cultura Beinan de Taiwan, se distingue por su peculiaridad y se asimila fuertemente a la figura conjunta de humano, fénix y dragón desenterrada de Longmenkou, Tai'an, Shandong. Fuera de todo lo mencionado, entre Corea y Japón, al igual que entre el continente y las islas de Asia oriental, la cultura de jade se vincula por miles de lazos.

Tomando al Jue como ejemplo: el Jue es un ornamento con una abertura y es utilizado normalmente como arete. Según lo visto en arqueología, el Jue es el ornamento más distribuido en la cultura de jade de Asia oriental desde la era prehistórica, representan la afición del hombre de esta zona a las orejas diferenciándose de la afición de las etnias primitivas de África a los labios. Su radio de aparición parte desde el sur de Siberia, Rusia, hasta el sur de la península de Indochina y el este del Subcontinente indio pasando por la península de Corea y la parte noreste, norte y sur de China, además, abarca las islas desde Hokkaidō, Japón, hasta Jiuzhou, Taiwan, Filipinas, isla de Java y Nueva Guinea. En pocas palabras, los Jue han sido desenterrados desde N 60º hasta la isla de Java al sur de de la Línea de Ecuador. Según los descubrimientos arqueológicos hasta la actualidad, los Jue probablemente se originaron en el norte de Asia oriental, expandiéndose poco a poco hacia el sur y a las islas al este de la costa.

Hace 7.000 años atrás, o incluso más, existía ya una cultura de Jue bastante desarrollada en el noreste de Asia y Hokkaidō, Japón, se han desenterrado cuantiosos Jue en los yacimientos a lo largo del Río Yangtze desde hace 6.000 años. El Jue más antiguo, descubierto en la zona del Río de las Perlas, tiene una historia de 4.000 a 4.500 años y se estima que los Jue de esta zona provienen de la cuenca del Río Yangtze. Los ornamentos de jade encontrados al norte de Vietnam probablemente son de 4.000 años antes. Cerca del siglo I DC, el Jue fue muy popular en lugares como Vietnam, Laos, Camboya y Tailandia. En las islas del sureste de Asia, los Jue con puntas de Filipinas fueron la sensación y sin duda alguna, producto de una fuerte influencia de la Cultura de Jue de la península de Indochina. Los Jue con 4 protuberancias, populares en la Cultura Beinan, probablemente vienen de Filipinas. También se han descubierto Jue en la península de Corea, uno de ellos es del siglo III AC aproximadamente y los estudios estiman Japón como su origen. Desde el Neolítico hasta la Edad del Hierro, se formó una cultura de Jue en las zonas mencionadas que cubre el continente y las islas de Asia oriental convirtiéndolo en el objeto más representativo de la cultura de jade de dicha zona.

III. La producción de jade fuera de Asia oriental

La producción de jade fuera de Asia oriental ha tenido logros sobresalientes como los de los indígenas de América Central y maoríes de Nueva Zelanda. Los indígenas como olmecas, mayas y aztecas son representantes de la cultura de jade de América Central, consideraban el jade como la segunda cosa más preciosa después de la vida. Durante los 3.000 años entre el 1200 AC hasta la llegada de los españoles en el

siglo XVI, los indígenas elaboraron con virtuosismo incontables obras de jade como estatuas de santo y ganado, la fineza de algunas de éstas se compara con las obras del periodo sincrónico de China, Dinastía Shang. Entre ambos lugares, existe una distancia de medio Tierra por lo que es evidente la gran dificultad para intercambiar y explorar mutuamente en la cultura de jade. Últimamente, eruditos como Fred Ward y Mao Yuanyi indicaron las semejanzas entre ambas culturas, además, el género de papel de corteza de América Central es originado en las islas del sureste de Asia y el continente de Asia oriental, esto se refleja como un posible vínculo entre ambas culturas de jade.

En el Neolítico, Europa también fue uno de los centros de la cultura de jade mundial. Hace más de 5.000 años, hachas de jade delicadas fueron desenterradas desde Gran Bretaña hasta Renania, Alemania, mientras que abundantes hachas de nefrita fueron encontradas desde Suecia hasta la República Checa, evidentemente, estas hachas de jade o nefrita neolíticas no eran para uso real sino un símbolo de poder y prestigio. Aparte de las hachas, se descubrieron monótonos aros de jade en el yacimiento Mane-er-Hroek, Bretaña. Entrando a la Edad del Bronce, la cultura de jade fue reemplazada completamente por la cultura de oro, desde entonces, de Europa al valle del Río Nilo, suroeste de Asia e incluso India, se consideró el oro como lo superior, sin embargo, el jade era lo supremo en Asia oriental. Hasta el siglo XX, el oro y el jade fueron las representaciones superiores de la cultura material humana del occidente y oriente.

IV. La cultura de jade en China

China es uno de los primeros países que comenzaron a utilizar el jade con una historia de 7.000 años, debido a su amplia distribución de los lugares productivos en el país, el jade se volvió el ornamento precioso más popular de China, además, fue otorgado un cariz sagrado por su textura elegante y pura. Como un símbolo de fortuna y poder, logró ganar no sólo el apego de la realeza y nobleza, sino también el del pueblo a lo largo de la historia. La artesanía de la talla de jade en China tiene la fama mundial por ser magistral, los objetos de jade desenterrados y legados durante los miles de años poseen una cantidad y variedad única en el mundo.

La artesanía de la talla de jade china comenzó en el Neolítico, se desarrolló en las Dinastías Shang y Zhou popularizándose posteriormente en las Dinastías Song y Yuan y finalmente reuniendo los logros de la historia en las Dinastías Ming y Qing. En la antigua China, el concepto jade tenía un significado extenso el cual abarca todo tipo de piedra bonita. Después de la Dinastía Zhou (cerca del siglo XI AC), se fue especificando la clasificación del jade, así las otras piedras bonitas empezaron a tener sus nombres correspondientes como cristal, ágata, turquesa, entre otros. Al principio, no se diferenciaba entre el jade y las otras piedras, la supuesta talla de jade se refería a productos de piedras duras, sus formas se basaban principalmente en herramientas productivas como hacha, pala, cuchillo. Comenzaron por elaborar el jade en ornamentos inspirados por su belleza original, sin embargo, en la Cultura Hongshan y Liangzhu, 6.000 años antes, éste evolucionó integrándose gradualmente con religiones primitivas y totemismo, se convirtió en el símbolo de creencia, poder y estatus relacionándose cada vez más con la religión, política, cultura y economía de China.

Durante el periodo Shang y Zhou desde el siglo XVI AC al siglo VIII AC, el jade tuvo la oportunidad de desplegar una tendencia artesanal debido al amplio uso de las herramientas de bronce, por esta razón, empezaron a brotar nuevos diseños y patrones decorativos, entre estos está el Bi usado como ofrenda al cielo, el Cong usado como ofrenda a la tierra, el Gui usado para trasmitir órdenes del emperador y pendientes para asignar cargos o títulos oficiales, como resultado, el jade fue otorgado un significado ritual. Por otro lado, aparecieron además cuantiosas estatuas de jade con diseño de animales como cerdo, buey, cordero, tortuga, pez, pájaro, cigarra y otros las cuales reflejan una parte de la vida social de tal época. En este tiempo, la artesanía para elaborar el jade tuvo un gran progreso y las decoraciones una mayor variedad.

En el Periodo de las Primaveras y Otoños (Chunqiu) y los Países Combatientes (Zhanguo) del siglo VIII AC al siglo III AC, la relación feudal de la sociedad fue estabilizada por lo que hubo un gran aumento en las fuerzas productivas. La nueva nobleza empezó a demandar más en la elaboración del jade para sentirse superior y puramente por placer, esto se manifiesta en el aumento de variedad y cantidad de los objetos de jade para uso cotidiano como el Huang, Bi, Yuan (ornamentos), aros, adornos para espada y diversos estatuas y ornamentos, estos objetos y obras tenían una función decorativa. La artesanía de esta época se destaca por su talla delicada y decoración vívida y original mientras que el demirelieve (técnica de talla) y tracería fueron utilizados ampliamente obteniendo grandes logros artísticos.

Desde las Dinastías Qin y Han hasta la Dinastía Tang (siglo III AC al siglo X), la talla de jade se desarrolló principalmente a base de la artesanía del periodo anterior de forma lenta por la falta de innovación. Lo más destacado de este periodo fue la vestimenta de jade popularizada en la Dinastía Han y las obras con peculiaridad extranjera de la Dinastía Tang junto con la artesanía para elaborar jade de la Dinastía Han la cual poseía características propias.

Ambas Dinastías Song y Yuan (cerca del siglo X al siglo XIV) fueron cuando la artesanía de talla avanzó significativamente, la imitación de objetos de jade antiguos era la sensación del momento mientras que la artesanía de elaboración progresó a saltos. La corte de la Dinastía Song estableció la "Academia de Jade" que proveía con dedicación y creatividad diversos objetos para el uso exclusivo de la realeza. El "Jarrón de Jade de Dushan" fue utilizado por el padre fundador de la Dinastía Yuan, Kublai Kan, para dar la bienvenida a los huéspedes en la inauguración del estado, se distingue por su majestuosidad, magnitud y marcialidad, además de su exterior completamente tallado de criaturas marinas y aves celestiales.

Llegando a las Dinastías Ming y Qing (del siglo XIV al inicio del siglo XX) la artesanía de talla de jade fue extensamente divulgada y al mismo tiempo abundaban talentosos artesanos como el gran maestro de la Dinastía Ming, Lu Zigang, quien era considerado "insuperable en siglos". La existencia de Lu Zigang implica que también existieron previamente maestros de donde aprendió su talento admirable y generaciones posteriores que se cultivaban con los logros de él, en esto se aprecia la magnitud y nivel de la industria de la talla de jade en esta dinastía. En la Dinastía Qing, la artesanía para elaborar jade heredó los logros de la historia, además de su realismo en el diseño y virtuosismo en la artesanía (grabado superficial, entretalla, talla tridimensional, talla convexa, tracería e improvisación con su color original), los materiales utilizados también eran delicadamente selectos lo que lo hace incomparable con las otras dinastías. Además de lo mencionado, la corte Qing tenía una colección masiva de obras de jade incluyendo legados de las dinastías pasadas, ofrendas de los súbditos y productos de la Sección de Manufacturación Qing los cuales son sumamente representativos.

Estos tesoros de jade mencionados registran el desarrollo de la mentalidad, cultura y fuerzas productivas de cada época de la historia china volviéndose una riqueza histórica y artística preciosa y al mismo tiempo un patrimonio cultural valioso de toda la humanidad.

古代中国与秘鲁历史简表

CRONOLOGÍA RESUMIDA DE LA
ANTIGUA CHINA Y EL PERÚ
BRIEF LIST OF ANCIENT CHINESE
AND PERUVIAN HISTORIES

古代中国		古代秘鲁		本展览展品图片
历史时代	公元纪年	历史时代	公元纪年	
史前时期	170万年前～公元前21世纪	太古时期	公元前14000～前6000年	
夏、商、西周时期	公元前21世纪～前771年	远古时期	公元前6000年～前1500年	
春秋、战国时期	公元前770～前221年	成长时期	公元前18世纪～前5世纪	
秦、汉时期	公元前221～公元220年	区域发展时期	公元前4世纪～公元6世纪	
三国、两晋、南北朝时期	220～589年			
隋、唐、五代时期	581～960年	瓦里帝国时期	6～11世纪	
辽、宋、西夏、金时期	916～1279年	地方列国时期	11～15世纪	
元、明、清时期	1271～1911年	印加帝国时期	15世纪～1532年	

Época Antigua de China		Época Antigua del Perú		Imágenes de las piezas exhibidas en esta exposición
Periodo histórico	Era Común	Periodo histórico	Era Común	
Época prehistórica	Desde hace 1,7 millones de años hasta el s.XXI a.C.	Época arcaica	14.000-6.000 a.C.	
Las dinastías Xia, Shang y Zhou Occidental	desde el s. XXI a.C. hasta el año 771 a.C.	Antigüedad remota	6.000-1.500 a.C.	
Los Periodos de Primavera y Otoño y de los Estados Combatientes	770-221 a.C.	Periodo de crecimiento	s.XVIII-s.V a.C.	
Las dinastías Qin y Han	221a.C.-220 d.C.	Periodo del desarrollo regional	s.IV a.C.-s.VI d.C	
El Periodo de los Tres Reinos, las dos dinastías Jin y las dinastías del Sur y del Norte	220–589 d.C.			
Las dinastías Sui y Tang y las Cinco Dinastías	581-960 d.C.	El imperio Wari	s.VI–s.XI	
Las dinastías Liao, Song, Xia Occidental y Jin	916–1279 d.C.	El periodo de los Estados regionales	s.XI-s.XV	
Las dinastís Yuan, Ming y Qing	1271–1911 d.C.	El Imperio incaico	s.XV-1532 d.C.	

图书在版编目（CIP）数据

天涯若比邻：华夏瑰宝秘鲁行 ／ 中国文物交流中心
编 . —— 北京：文物出版社，2016.9
ISBN 978-7-5010-4672-0

Ⅰ . ①天… Ⅱ . ①中… Ⅲ . ①文物－介绍－中国
Ⅳ . ①K87

中国版本图书馆CIP数据核字(2016)第184962号

天涯若比邻——华夏瑰宝秘鲁行

编　　者：中国文物交流中心

责任编辑：冯冬梅　周燕林

责任印制：陈　杰

出版发行：文物出版社

社　　址：北京市东直门内北小街2号楼

网　　址：http://www.wenwu.com

邮　　箱：web@wenwu.com

经　　销：新华书店

制版印刷：北京图文天地制版印刷有限公司

开　　本：889mm×1194mm　1/16

印　　张：11.75

版　　次：2016年9月第1版

印　　次：2016年9月第1次印刷

书　　号：ISBN 978-7-5010-4672-0

定　　价：210.00元

本书版权独家所有，非经授权，不得复制翻印